U0918412

中国房地产的长期繁荣与后续发展

LONG TERM PROSPERITY AND SUSTAINABLE DEVELOPMENT OF CHINA'S REAL ESTATE INDUSTRY

王希岩 ◎ 著

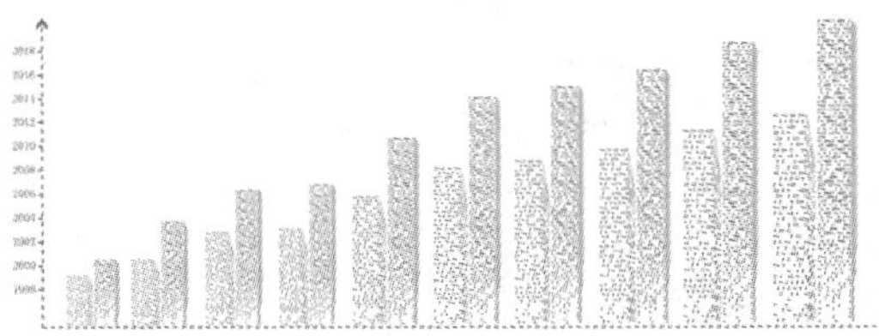

经济管理出版社
ECONOMY & MANAGEMENT PUBLISHING HOUSE

图书在版编目（CIP）数据

中国房地产的长期繁荣与后续发展/王希岩著．—北京：经济管理出版社，2018．11
ISBN 978－7－5096－6027－0

Ⅰ．①中…　Ⅱ．①王…　Ⅲ．①房地产业—可持续发展—研究—中国　Ⅳ．①F293．33

中国版本图书馆CIP数据核字（2018）第215053号

组稿编辑：宋　娜
责任编辑：赵亚荣
责任印制：黄章平
责任校对：赵天宇

出版发行：经济管理出版社
（北京市海淀区北蜂窝 8 号中雅大厦 A 座 11 层　100038）
网　　址：www．E－mp．com．cn
电　　话：（010）51915602
印　　刷：北京晨旭印刷厂
经　　销：新华书店
开　　本：720mm×1000mm/16
印　　张：10．75
字　　数：148 千字
版　　次：2019 年 5 月第 1 版　2019 年 5 月第 1 次印刷
书　　号：ISBN 978－7－5096－6027－0
定　　价：98．00 元

摘要

1998 ~ 2017 年是中国房地产的黄金时期，以 2017 年 10 月 18 日中国共产党第十九次全国代表大会召开为标志，中国房地产进入新时代。

自 1998 年启动房改以来，中国房地产保持了 20 年的长期繁荣。某一单独因素不足以解释这一现象，是土地红利、人口红利、资本红利、制度红利和全球化红利这五大红利共同促成了中国房地产的长期繁荣。

五大红利相互影响，形成一个正反馈的耦合系统。土地、人口、资本是三大生产要素，土地是供给端，人口、资本是需求端，其中人口的需求是刚性需求，资本的需求是投资性需求，人口红利、资本红利通过作用于土地而发挥作用，制度和全球化则作为正反馈机制放大了人口和资本对于土地的总需求。三大生产要素同时有利于某一产业的发展，这种情形是不多见的，更何况还有制度红利与全球化红利的推波助澜。

五大红利中人口红利相对独立，其他几项红利则相互之间及与人口红利之间存在各种错综复杂的关系。以土地为例，土地是中国货币信用创造的重要工具，土地红利本身也是资本红利，土地红利的存在基于国有土地制度的建立，因此土地红利是制度红利的体现。土地红利通过补贴中国制造使不可贸易品变得可以贸易，参与了全球化红利的实现。

地方官员以地融资，通过土地财政经营城市；以地招商，低价出让工业用地补贴制造业出口，通过外汇占款扩大货币信用发行；以土地为发动机，形成有中国特色的经济增长模式。如今五大红利全面消退，中国房地产进入高位调控下的新常态。

在新时代，政府应以雄安新区建设为试点，在全国范围内渐进开征房地产税，建立长效机制，提供有效监管，让市场在资源配置中发挥决定性作用；在黄金时期，是房地产拉动了中国经济；在新时代，要靠中国经济的发展修复房地产在黄金时期形成的资产泡沫。

关键词：房地产，红利，黄金时期，新时代，长效机制

序

2003 年加入保利地产以来，我一直在房地产销售一线工作，亲身经历了中国房地产波澜壮阔的发展历程，中国房地产的长期繁荣给我留下了深刻的印象。

入职伊始，我先是在销售现场熟悉房地产实务，2003 年 8 月，国务院下发《关于促进房地产市场持续健康发展的通知》（又称“18 号文”），公司安排我对国家政策进行分析，这成为我对于房地产经济的研究起点。

2004 年上海分公司组建，我被派往上海工作，参与松江区一个别墅项目的销售工作。当时上海的房子基本都由代理公司包销，楼市异常火爆，易居、同策都靠包销起家，楼市的非理性上涨引起中央政府关注。2005 年，国务院出台“国八条”，对房地产市场进行宏观调控。我公司的项目于 2005 年 10 月 15 日开盘，克服重重困难，取得 3 亿元的销售业绩。当时独栋别墅的销售单价不过是 12000 元 / 平方米左右，但在我快要离开上海时，宝山顾村高层住宅的土地拍卖楼面价已经超过 6000 元 / 平方米，出现“面粉比面包贵”的情形。

2008 年天津分公司成立，我被派往天津负责武清一个占地 70 多万平方米建面高层社区的营销策划。项目 2008 年开工并销售，起价 5000 元 / 平方米，2017 年二手房价格已经超过 2 万元 / 平方米。我在天津期间，海河边的豪宅单价不过 3 万元 / 平方米，现在单价 6 万元 / 平方米以上的普通住宅比比皆是。

2014年甘肃分公司成立，我来到兰州，负责一个占地3000多亩项目的销售工作。该项目位于皋兰县与安宁区交界，生活配套很不完善。项目2015年5月开盘，全年销售过10亿元，进入兰州单盘销售前三名。

自2003年加入保利地产以来，我从事房地产销售工作已达12年之久，先后在广州、上海、天津、兰州工作过。我亲眼所见房地产业的发展改变了城市面貌，拉动了我国经济，改善了人民生活。地方政府积极参与经济活动，其“五加二，白加黑”的工作态度也给我留下了深刻的印象。

是什么因素促成我国房地产长期繁荣？这种繁荣能否持续？房地产对我国经济有何影响？多年以来，这些问题在我脑海中长期盘旋，挥之不去。2016年我回到广州保利地产战略研究院，这使我有时间和精力对这些问题进行整体思考。

结论是否成立，请各位批评指正。

王希岩

2017年6月18日于北京

目录

第一章 引 言

1998 年，国务院颁发《关于进一步深化城镇住房制度改革，加快住房建设的通知》，明确建立以经济适用住房为主的多层次城镇住房供应体系，政府开始逐步停止福利分房，实行住房分配货币化。自 1998 年以来，中国房地产进入快速发展阶段，并保持了长期的繁荣。1998 ~ 2017 年，堪称中国房地产的黄金时期。

对于房价上涨，研究人员从多个角度进行了经济解释，大体而言，可分为五个视角：土地供给的视角、人口结构的视角、金融资本的视角、官员激励的视角、消费预期的视角。

（1）土地供给的视角

Tse（1994）对中国香港、中国台湾和新加坡的房地产市场进行了比较研究，发现土地供给制度的不同，会影响房地产市场的供给弹性，进而影响房价变化。由于政府在土地出让中存在最大化土地收益的行为，中国香港实施的土地批租制度更容易推高房价，中国台湾实行的土地自由市场配套财产增值税制度则会降低房价。

（2）人口结构的视角

Mankiw 和 Weil（1989）提出“婴儿潮”概念，利用 1910 ~ 1983 年的人口

数据，分析美国“婴儿潮”的高峰期和低谷期，构建以年龄为函数的住房需求模型，探讨出生率和人口规模对美国房屋价格的影响，开启住房需求研究的新视角。徐建炜等（2012）以人口结构变化为切入点对中国房价持续高涨现象进行分析发现，由于婴儿潮第一代人通过福利分房解决了住房问题，婴儿潮第二代人则通过货币购房解决住房问题，在特定的住房政策环境下，两代人的储蓄共同作用于房地产市场，从而带来房价的非常规上涨。但随着第一代的额外储蓄释放完毕以及人口抚养比的持续回升，2015 年以后中国的房价不再具备快速上涨的条件，房价总体水平将逐渐走弱。

（3）金融资本的视角

在美国次贷危机爆发之前，货币政策、金融市场以及信贷约束对房地产市场的影响已经引起学界广泛关注。武康平等（2004）考虑到中国金融制度背景下国有商业银行经理人的激励约束条件，建立房地产与银行信贷市场的一般均衡模型，通过对均衡解的比较静态分析，发现中国房地产市场与金融市场存在正反馈的共生性内在作用机制，房地产价格的上升导致银行信贷供给增加，银行信贷供给增加导致房地产价格上涨。Aheame 等（2005）分析了 1970 年以后 OECD 国家货币扩张与物价上涨之间的关系，发现货币供应量扩大首先会引起房屋资产价格的上涨，然后是其他金融资产，最后才会导致普通商品一般物价水平的上涨。张涛等（2006）通过改进已有的房地产贷款理论模型，利用 2002 年以来的国内数据对中国房地产价格与房地产贷款的关系进行实证分析，结果发现中国房地产价格水平与银行房地产贷款之间存在较强的正相关关系。

（4）官员激励的视角

周黎安等（2008）将中国的地方官员类比于 M 型公司[①] 中的中层经理，

① 钱颖一等（2008）也将我国自 1958 年以来存在的以区域“块块”原则为基础形成的多层次、多地区的层级制组织结构称之为 M 型组织，区别于以职能和专业化为原则组建的单一“条条”形式（U 型组织），M 型组织具有相对较大的自主权，在水平层级拥有一定的经济自由度。

通过经营城市换取晋升机会，但与公司中的中层经理不同的是，由于国家政治劳动力市场只存在一个“雇主”，地方官员没有其他选择，只能以最大的努力寻求晋升。陶然等（2009）针对地方政府的集体行为提出“财政收入最大化”解释框架，认为自分税制以来，地方政府为了实现财政收入最大化，作出低价出让工业用地，高价出让商住用地的理性选择，既通过对商住用地高价招拍挂获取当期回报，又通过对工业用地低价协议出让获取制造业带来的增值税等长期收益，制造业带来的外溢效应能够抬高周边的房地产价格，从而进一步增加商住用地的出让金规模。

（5）未来预期的视角

Phillips（1988）利用滞后3年的实际房价涨幅作为未来房价上涨的代理变量进行时间序列研究，发现预期在统计上显著推高了房价。Zorn 和 Sackley（1991）对预期与房价的关系进行了理论分析，认为问题的根源在于房屋买方与卖方之间的信息不对称，包括对房屋品质特点以及对未来需求变化两个方面。Clayton（1996）构建了理性预期模型研究房价波动，发现预期会导致房价偏离基本面。况伟大（2010）就预期对房价波动的影响进行了理论分析和实证检验，发现适应性预期的影响大于理性预期，理性预期越高，房价波动越大；在适应性预期下，当消费需求占主导时，上期房价越高房价波动越小；当投机需求占主导时，上期房价越高房价波动越大。对我国35个大中城市12年数据的实证结果表明，预期对我国城市房价波动具有较强的解释力。

每一单因子解释都在特定的范围内有其效力，但也有局限性。陈斌开等（2012）认为，从土地供给和“土地”财政的角度解释住房价格上涨存在缺陷，因为土地供给是相对固定的，土地和住房价格最终取决于住房需求，是房价带动地价，而不是地价推动房价；基于货币供给或利率变化的分析也存在障碍，我国的货币政策并未在2004年出现结构性转变，难以解释2004年前后住房价格的跳跃式变化；从预期和投机的角度分析房价上涨虽然有其道理，但这种解释并没有回答在国家如此严厉、频繁的调控政策之下预期何以产生与强化，解释背后应另有其原因。他们的分析表明人口结构转变是中国住房需求以及房价上涨的主要影响因素。

也有学者对不同因子的影响程度进行了比较分析，如谭政勋等（2012）的研究表明，长期来看，人均 GDP 是房价上涨最主要的影响因素，人口次之，银行贷款最小；短期来看，银行贷款是房价上涨最主要的影响因素，人均 GDP 次之，人口的影响最小。况伟大（2010）研究发现，经济基本面对房价波动的影响大于预期和投机，收入及人口增长较快的城市，房价波动较大，但他认为这并不意味着个别城市房价的变动不是由预期和投机决定的。王斌等（2011）研究表明，官员晋升激励对房价上涨具有推动作用，但土地财政不是推动房价上涨的原因，房价主要由经济基本面（城镇居民可支配收入）决定，货币供应量次之。

已有研究大多倾向于从单一因素出发解释中国房地产价格的上涨，力图识别出推动房价上涨的主要因素。少数研究者意识到单一因素解释的不足，对多个因素进行了比较研究，但侧重点在于识别各个影响因素相互之间的区别与作用大小。经济是一个整体，相对独立的各影响因素之间有着多种内在联系，对分析房价变化而言，上述 5 个因素中，除了人口结构可以视为外生给定的，其他 4 个因素都内生于中国的房地产市场结构当中，并且相互之间存在着有机关联。由于地方政府拥有国有土地的收益权，对国有商业银行信贷可以进行分配指导，土地供给、金融资本与官员激励是内在统一的，同时政府官员具有管理地方人口流动的行政权限，对人口因素同样能够发挥一定的调节作用。

有些学者（沈悦等，2004；邹至庄等，2010）用经济基本面来解释房价上涨，反映出他们意识到单一因素分析的不足，希望从经济整体的角度分析中国房地产价格的上涨。但什么是经济基本面，不同的学者有不同的界定，如人口结构、城市化进程、收入水平等，不同的组合均被冠以经济基本面之名，容易造成概念的混淆，不利于统一认识。比如收入水平，有时候也很难

与房地产的财富效应截然分开，作为独立的解释变量存在一定的障碍。

本书无意对已有的研究作出验证或反驳，更关心的是从宏观的角度探求各解释变量的内在关联，分析各解释变量如何相互连接、相互强化，共同推动中国房地产的长期繁荣。在各大影响因素中，哪些是必然的，哪些是偶然的，哪些是外生给定的，哪些是制度内生的，哪些是可持续的，哪些是不可持续的，对自 2003 年以来中国的房地产政策进行反思，总结规律，分析利弊得失，以期为中国房地产产业健康发展、社会经济可持续运转提供借鉴。

本书将采用宏观经济学、产业经济学的研究方法，侧重于理论分析与文献比较，对中国自 2003 年以来房地产长期繁荣的成因进行研究，探求这一现象背后独特的经济运行模式，通过对这一经济运行模式的分析，检讨和反思中国的房地产政策以及产业政策，提示政策风险，维护产业安全。

第二章 中国房地产的繁荣发展

对中国的房地产市场而言，1998 年是一个标志性的年份。在这一年，国务院颁发《关于进一步深化城镇住房制度改革，加快住房建设的通知》，明确建立以经济适用住房为主的多层次城镇住房供应体系，从此政府开始逐步停止福利分房，实行住房分配货币化改革。自 1998 年以来，中国房地产进入快速发展阶段，并且保持了长期的繁荣。

然而，1998 年以来中国房地产的繁荣发展不是一个孤立事件，而是在前期多年制度变迁的基础之上，在国内经济政策、国际经济环境带动之下实现的一种产业经济局面。推动这一局面形成的，既有确定或者说必然的因素，也有不确定或者说偶然的因素，要对其成因进行深入分析，就有必要对中国房地产业的整个发展历程进行全景回顾与扫描。

第一节 中国房地产发展历程

整体而言，可以将改革开放以来中国房地产的发展划分为两个阶段：培育期（1980 ~ 1997 年）和黄金时期（1998 ~ 2017 年），其中黄金时期又可进一步分为：萌芽期（1998 ~ 2002 年）、黄金十年（2003 ~ 2013 年）、盘整期

（2014～2017年）。

一、培育期（1980～1997年）

在培育阶段，政府通过修改法律法规、地方改革试点，有意识地引导房地产从实物分配向市场化方向转变。1980年，邓小平提出“出售公房，调整租金，提倡个人建房买房”的整体设想，为住房制度改革奠定基础。1982年通过的《中华人民共和国宪法》中第十条规定：“城市的土地属于国家所有。农村和城市郊区的土地，除由法律规定属于国家所有的以外，属于集体所有；宅基地和自留地、自留山，也属于集体所有。任何组织或者个人不得侵占、买卖、出租或者以其他形式非法转让土地。”将城市土地明确为国家所有。

1987年12月1日，深圳举行新中国成立后首例城市土地公开拍卖，开创我国城市国有土地有偿使用制度之先河，自此土地出让金成为地方政府预算外收入的主要来源。1988年4月12日，中共七届全国人大第一次会议通过《宪法》修正案，删除了不得出租土地的规定，改为“土地的使用权可以依照法律的规定转让”。1988年12月29日，七届全国人大常委会第五次会议修正了《中华人民共和国土地管理法》，明确了“国有土地和集体所有的土地的使用权可以依法转让。国家依法实行国有土地有偿使用制度”，并授权国务院针对土地使用权转让以及国有土地有偿使用的具体办法，可以另行颁布法令进行规定。

1990年5月19日，国务院发布了《中华人民共和国城镇国有土地使用权出让和转让暂行条例》，以国务院令的形式规定了土地使用权出让、转让、出租、抵押、中止以及划拨等方面的相关事项。1992年房改开始启动，住房公积金全面推行。之后全国各地相继制定各自的房改政策，主要为逐步提高房租、改价出售公有住房等，迈出住房制度市场化改革的关键一步，确定市场化改革方向。

1994年7月5日，八届全国人大常委会第八次会议通过了《中华人民共和国城市房地产管理法》，申明“国家依法实行国有土地有偿、有期限使用制度”，进一步完善了土地使用权的出让、划拨方面的规定，为房地产开发与交易创造条件。1994 年，我国开始实施分税制改革，土地财政日益成为地方政府的“第二财政”，在地方城市建设中发挥着重要作用。

二、萌芽期（1998~2002 年）

在萌芽阶段，房地产业市场化改革加速，需求端居住需求大幅释放，供给端土地供应不足，供需矛盾开始显现。随着招拍挂政策出台，土地逐步走向市场化定价。

1998 年，国务院颁发《关于进一步深化城镇住房制度改革，加快住房建设的通知》，明确建立以经济适用住房为主的多层次城镇住房供应体系，提出经济适用住房主要以城镇中低收入家庭为供应对象，新建经济适用住房实行政府指导价，利润控制在 3% 以下。明确自 1998 年下半年开始停止住房实物分配，逐步实行住房分配货币化。2000 年福利分房彻底停止，住房需求大幅增加，并且以居住需求为主，投资、投机需求尚未得到释放。然而，土地供给制度未能充分保障经济适用房用地所需，导致市场供不应求。2002 年国土部签发《招标拍卖挂牌出让国有土地使用权规定》，明确国有土地出让“招、拍、挂”的三种形式，土地资源的价值被挖掘，开始逐步走向市场化。同时，房企开始快速开拓市场，实现资本积累，为房地产市场的深入发展奠定基础。

在这一阶段，计划分配、按需分房逐渐退出历史舞台，住房制度改革开启，国家开始探索房地产的市场化方向：允许商品房买卖，住房需求开始市场化；明确土地有偿使用制度，但土地价值还未真正走向市场化。

三、黄金十年（2003~2013 年）

2003 年对中国的房地产市场而言是一个承前启后的年份，2003 年 8 月，国务院颁布《关于促进房地产市场持续健康发展的通知》（以下简称“18 号

文”），将房地产确认为“国民经济的支柱产业”，同年国务院颁布《关于促进房地产市场持续健康发展的通知》，明确提出“十一五时期重点发展普通商品住房”，房地产市场定位由以经济适用住房为主转变为普通商品住房占主导地位。这一鼓励发展的信号，加强了人们的购房预期，投资、投机需求被激发出来，房地产投资剧增。2003 年以来，中国房地产市场与中国的城镇化进程相伴，共同进入高速发展阶段。

2004 年 3 月 18 日，国土资源部联合监察部下发《关于继续开展经营性土地使用权招标拍卖挂牌出让情况执法监察工作的通知》，要求在 2004 年 8 月 31 日前将历史遗留问题界定并处理完毕，2004 年 8 月 31 日后，不得再以历史遗留问题为由采用协议方式出让经营性土地使用权。“8 · 31 大限”过后，经营性土地协议出让成为历史，土地出让必须走“招、拍、挂”市场化程序，为房地产市场化扫清了障碍。2004 年房价陡然升高，相比前几年呈现出结构性变化。

针对市场过热和房价上涨过快问题，2005 年国务院颁布“国八条”，2006 年又颁布“国六条”，试图通过宏观调控来稳定市场。然而，房地产市场依然量价齐升，2007 年政府继续从金融、税收和土地等方面入手，央行在 2007 年六次加息、十次上调存款准备金率，达到 14.5%，创历史新高。2008 年受美国金融危机的冲击，房地产市场呈现量价齐跌的态势。为保持国民经济的发展，2009 年国家采取宽松货币政策，房地产市场呈现回暖局面。政府不断探索宏观调控和市场配置的结合方式，促进发展，2010 年国务院出台“国十条”，首次利用“限购令”等手段有效打击投资、投机行为，房地产涨幅得到一定控制，但房价依然上涨。2011 年继续出台“新国八条”、房产税等政策，限购城市多达 46 个，调控升级，成交量大幅下降，但房价仍在高位徘徊。

2013 年初政策热度有所减退，成交量大幅回升，房价居于高位，随后政府出台“新国五条”，重申限购限贷，一线城市政策加码。

在这一阶段，供需双方充分市场化，商品房成为住房供应主体，全面市场化发展。2001年中国加入WTO，中国经济增长进入快车道，外汇占款催生货币投放，房地产需求激增，投资、投机需求被激发。房地产成为支柱产业，投资快速增长，房价也大幅上涨，带来房地产市场发展的“黄金十年[①]”。同时，房地产市场发展不均衡，在宏观调控与市场配置交互作用下呈现出周期波动特征。

四、盘整期（2014~2017年）

自2014年起中国制造的成本优势已不再明显，2014年8月美国波士顿顾问公司（BCG）发布咨询报告《全球制造业的经济大挪移》，对全球出口总额排名前25的经济体进行比较，若以美国的制造成本为基准指数100，中国的制造成本指数高达96，制造成本为美国的96%，比较优势已不复存在。造成中国制造成本大幅提高的原因主要有三个：一是薪资大幅提高，二是汇率不断攀升，三是能源成本上涨。

除了像华为这样极少数的企业在全球经济大循环的黄金十年中成功实现了转型升级外，更多的制造企业因成本抬升不得不向印度、越南等地区转移。“三驾马车”中的出口出现疲态，为保持经济增长，2015年末，中央经济工作会议提出：2016年是中国全面建成小康社会决胜阶段的开局之年，也是推进结构性改革的攻坚之年，在战略上要坚持稳中求进，把握好节奏和力度，在战术上要抓住关键点，抓好“去产能、去库存、去杠杆、降成本、补短板”这五大任务。

淡化房地产概念，却不得不再次启用房地产投资作为拉动经济增长的抓

① 2003 ~ 2013年，被业内约定俗成，称为房地产的“黄金十年”。对从业人员来说，这是一段幸福的时光，虽然政府的调控不断，整体上房价一直呈上涨态势。2003年国务院将房地产确立为国民经济的“支柱产业”，后来虽然刻意回避这种说法，却不妨碍房地产在国民经济中实际发挥支柱作用。2013年中国房地产销售面积创下13亿平方米的新高，但上市房企的净利润率开始出现大幅下滑。“黄金十年”不是一个严谨的说法，2003 ~ 2013年，是十一年而不是十年。

手，2016年房价高涨后，又不得不重新实施房地产调控进行抑制，凡此种种，均反映出中国经济结构的内在矛盾与困难，如何能够让房价在高位稳定整固，需要精准与巧妙的政策调控“艺术”。

综上所述，中国房地产市场经历了培育期（1980~1997年）、萌芽期（1998~2002年）、黄金十年（2003~2013年）、盘整期（2014~2017年）这四个发展阶段。

直观来看，改革开放的40年，是中国房地产市场化改革和完善住房保障体系的40年，同时也是市场经济和宏观调控不断磨合的40年。房地产市场的政策定位，从按需分房过渡到以经济适用住房为主体，进而再转向普通商品房占主导地位。房地产具有多重属性，从满足人们居住的消费品到满足人们保值增值的投资品再到投机标的，房地产市场的发展具有其不同于普通商品市场的特殊性。此外，房地产市场化改革也是市场供需两端的改革，住房制度改革（房改）促使住房需求端市场化，土地使用制度改革（土改）促使土地供给端市场化。

中国房地产市场自改革开放以来不断发展壮大，至今已有40年的历史。从政府政策的角度，两次重要的房地产制度改革启动了中国房地产市场大发展的引擎，一是1987年深圳首次实施国有土地使用权拍卖制度；二是1998年全面实施城镇住房制度改革，除政府及部分事业单位之外，取消了福利分房。从经济基本面的角度，还有更深层次的原因，与中国的经济增长相伴随，中国的房地产市场发展虽然经历了不同的阶段，取得了不小的成绩，但其发展模式仍不能称之为成熟、稳健，这正是本书所要讨论的主题。

第二节 长周期市场表现

1998年是本书界定的中国房地产萌芽期的起始之年，从1998年下半年开始，中国停止住房实物分配，逐步实行住房分配货币化。从1998年开始，中国 GDP 增长率开始止跌回稳，表明中国经济开始有了新动力，这给中国经济带来长期的持续繁荣。

由图 2-1 可以看出，2003 年，也是本书界定的房地产黄金十年的起始之年，中国 GDP 增长率跃升到 10%。此后数年，一直到受美国金融危机影响之前，GDP 增长率逐年攀升，但到 2013 年黄金十年结束，中国 GDP 增长率却与房地产萌芽期起始之年——1998 年相同，为 7.8%，不可否认两者同比的基数不同，但数据如此之巧合，不能不令人深思。

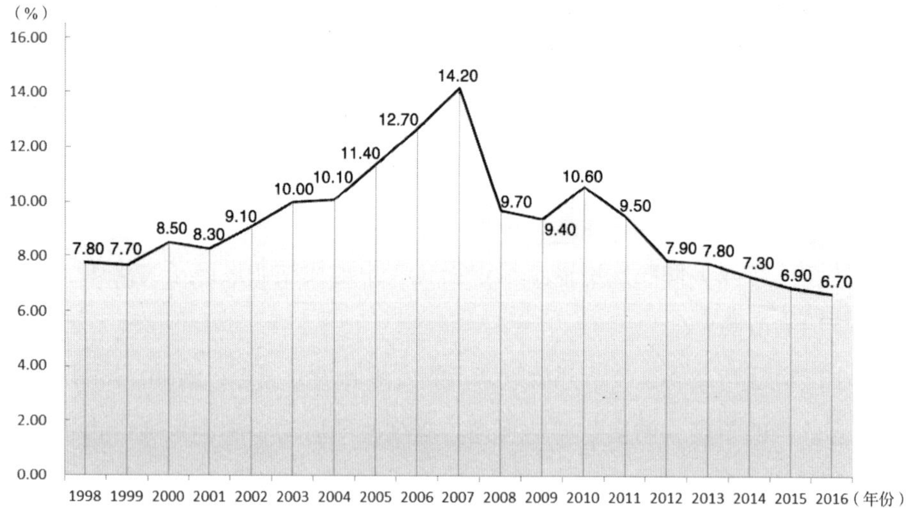

图 2-1　1998~2016 年中国 GDP 增长率

资料来源：Wind。

高波（2002）认为自改革开放至 2000 年，中国房地产业经历了两轮增长周期。第一轮增长周期自 1981 年开始到 20 世纪 80 年代末，中国内地开始初步形成房地产业和房地产市场；第二轮增长周期自 1992 年开始，中国启动房改，全面推行住房公积金制度，房地产业快速发展，但 1997 年重又跌回谷底，1998 年逐步取消福利分房，开始全面实施城镇住房制度改革，房地产出现恢复性增长。第三轮增长周期从 2000 年开始，参照之前两轮增长周期，预

期本轮增长周期仍将持续 5 年以上。

现在看来，高波的判断还是偏于审慎。实际上自 1998 年启动房改以来，中国房地产进入长周期繁荣阶段，已近 20 年。图 2-2 表明 1998～2013 年中国房地产投资额每年的增长率均超过 15%，其中 2003 年、2007 年以及 2010 年均超过了 30%；2014 年稍微低一些为 10.5%；2015 年最低为 1%，但仍保持为正数。

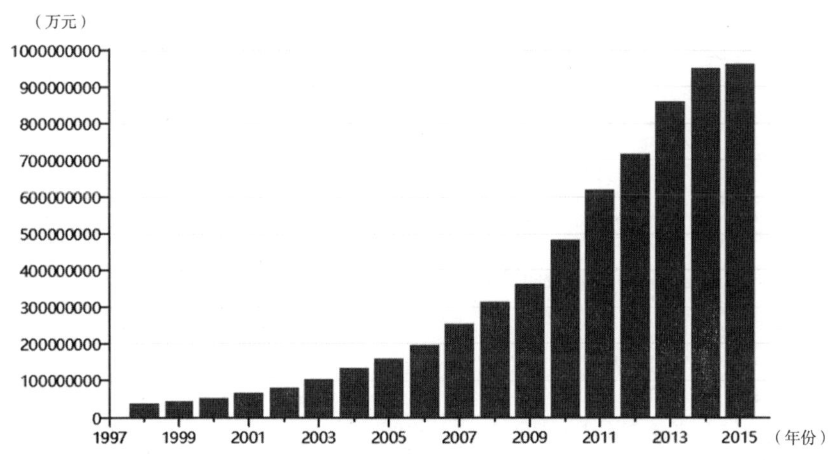

图 2-2 1997~2015 年中国房地产历年投资额

资料来源：Wind。

1998～2014 年，房地产开发投资占国内生产总值的比重持续攀升。图 2-3 表明 2014 年达到最高为 14.8%，即使不考虑房地产业的带动效应，房地产直接投资在国民经济中的作用也越来越明显。2015 年这一比重略有下降，但仍接近 14%。

由图 2-4 和图 2-5 可以看出，除了 2008 年受美国金融危机影响外，1998～2013 年，中国商品房销售整体呈现销售面积与销售金额齐升的态势，2014 年、2015 年连续两年销售面积略有下降，但 2015 年的销售金额还是创了历史新高，达到 8.7 万亿元。

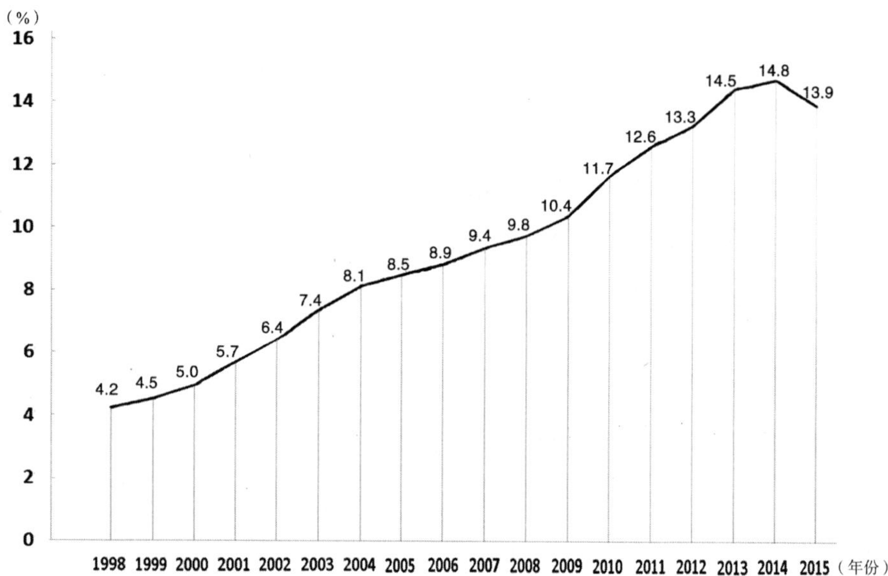

图 2-3　1998~2015 年中国历年房地产投资额与 GDP 之比

资料来源：Wind。

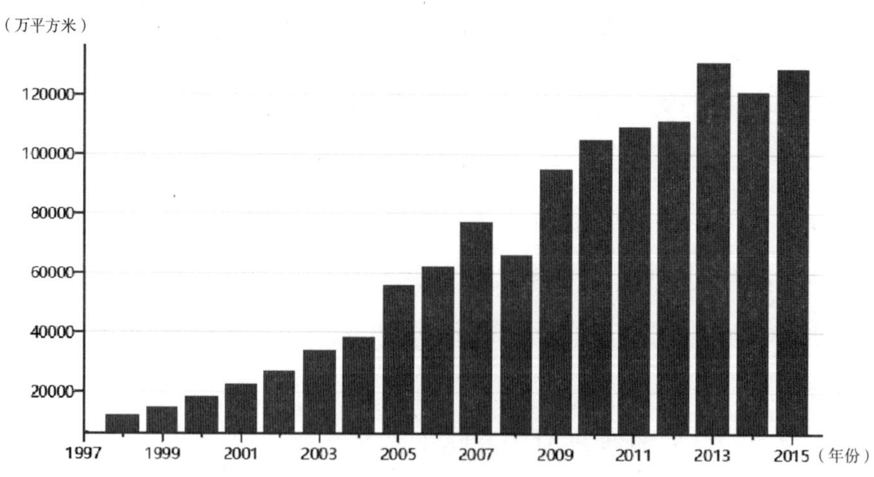

图 2-4　1997~2015 年中国历年商品房销售面积

资料来源：Wind。

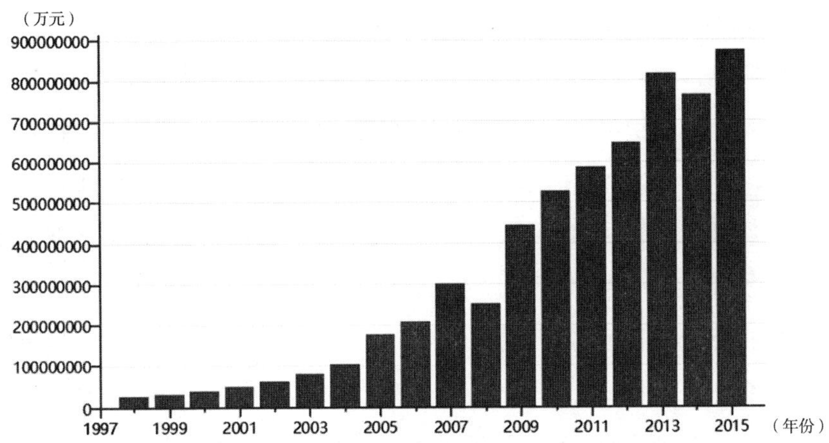

图 2-5 1998~2015 年中国历年商品房销售金额

资料来源：Wind。

图 2-6 显示，中国历年住宅销售套数远超住宅竣工套数，如果中国房地产销售由预售制改为现房销售，则住房的供给将远远满足不了需求，由此可见中国房地产市场的火爆程度。

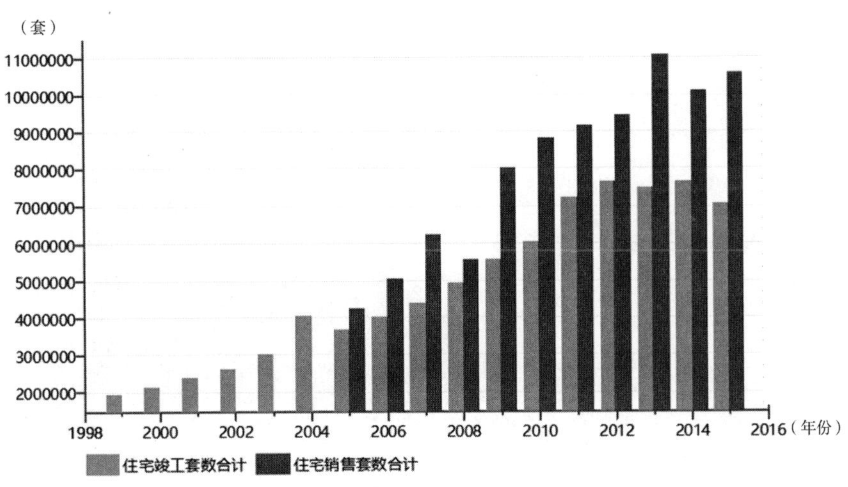

图 2-6 1998~2016 年中国历年住宅销售套数与竣工套数

资料来源：Wind。

自 1998 年起，中国实施住房体制改革，逐步取消福利分房，建立商品房市场。据陈斌开等（2012）的研究，1998 ~ 2003 年，中国住房价格年均增长率为 2.73%，2003 年增幅最大也仅为 4.84%，同期城镇居民可支配收入年均增长率达 9.3%，这导致在此期间房价收入比持续下降。2004 年开始这一趋势发生根本性逆转，2004 年中国房价增长率高达 17.8%，出现结构性变化，2004 ~ 2009 年年均增长率达到 12.4%。

图 2-7~ 图 2-9 显示的分别是 2010 年 6 月以来中国一、二、三线城市住宅价格增长情况，从中可以看出，2012 年和 2014 年一线城市的住宅价格略有小幅回调，整体走势平稳，价格上涨明显，二线城市住宅价格波动较明显，但整体也呈现出上涨态势，三线城市住宅价格一度出现下滑趋势，但在国家“去库存”政策的带动之下，2016 年开始止跌回升。统计 2010 年 11 月至 2016 年 11 月的住宅价格发现，一线城市在此期间住宅价格年均增长 15% 左右，2016 年高达 25.2%，二线城市在此期间住宅价格年均增长 5% 左右，2016 年高达 17.9%，三线城市在此期间住宅价格年均增长 2% 左右，2016 年高达 9.2%。

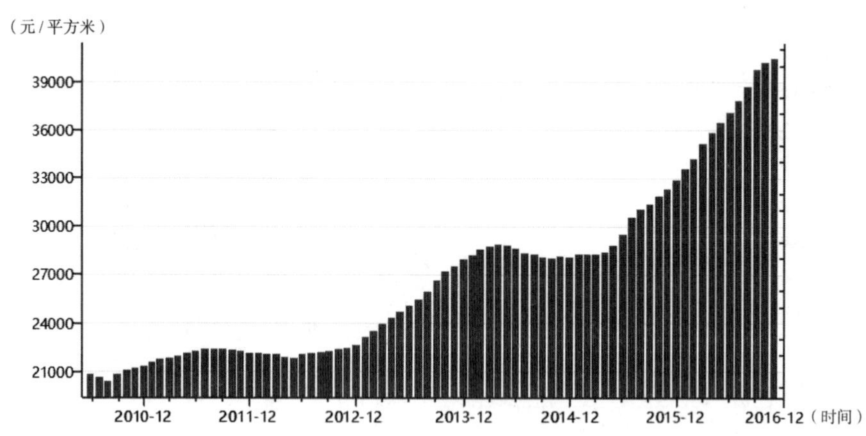

图 2-7　中国一线城市住宅价格增长情况

资料来源：Wind。

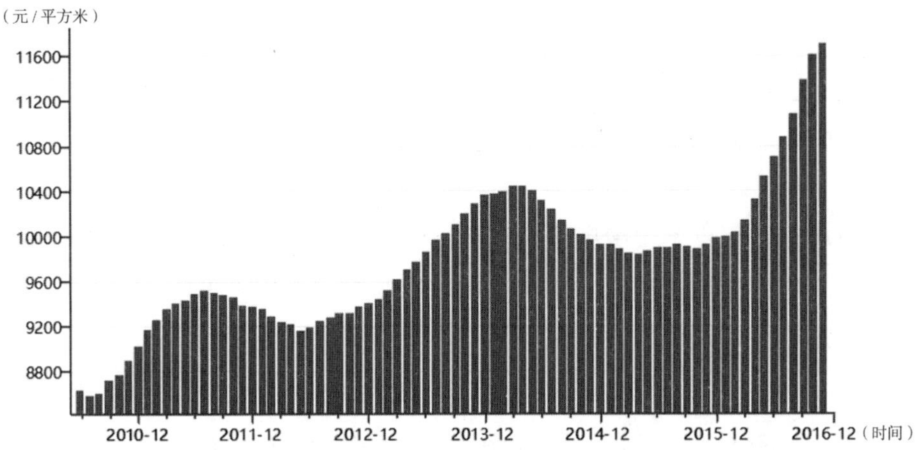

图 2-8　中国二线城市住宅价格增长情况

资料来源：Wind。

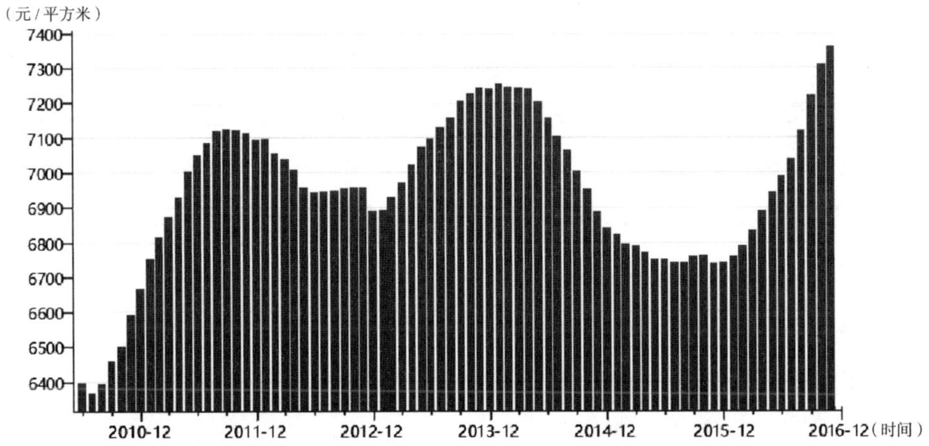

图 2-9　中国三线城市住宅价格增长情况

资料来源：Wind。

第三节 小 结

自改革开放以来中国房地产发展总体上可以划分为四个阶段：培育期（1980～1997年）、萌芽期（1998～2002年）、黄金十年（2003～2013年）和盘整期（2014～2017年）。

1998年至今，中国房地产取得了令世人瞩目的长期繁荣，无论是价格还是成交面积，不断创出新高。中国的GDP增速虽然自2010年出现持续下滑，但房地产的增长却穿越了GDP增长的周期波动，始终保持上行态势。且一线城市房地产的增长强于二线城市，二线城市房地产的增长又强于三线城市。

2013年被业内公认为是中国房地产黄金十年的收尾之年，房价在这一年实现了历史新高，但2016年中国房地产量价齐升，再次刷新了2013年的这一纪录。中国房地产价格的增长与房价收入比之间也没有表现出很好的相关关系，仅从经济增长或收入水平增长的角度不能很好地说明中国房地产价格的长期上涨。

那么，中国房地产的长期繁荣是由哪些因素主导或共同促成？在后面的章节中，我们将对其进行集中论述。

中国房地产的五大商业红利

1998 年以来，中国房地产保持了长期繁荣，尤其 2003 年以后，房价出现结构性变化，实现了大发展，大跨越。之所以会取得如此效果，关键在于这一阶段中国房地产业同时拥有了 5 大商业红利：土地红利、人口红利、资本红利、制度红利以及全球化红利，在特定的制度背景与商业环境下，这 5 大红利相互影响，相互强化，共同推动了中国房地产的持续繁荣与发展。

第一节　土地红利

是地价推高了房价还是房价推高了地价，不同的研究结论迥异。Tse（1998）研究了中国香港的房价、地价关系，认为二者之间不存在因果关系，但在土地出让中政府会采取最大化土地收益的行为模式。Glaeser 等（2002）对美国城市进行了比较研究，发现政府的土地管制以及随之带来的高昂土地成本是纽约房价高企的主要原因。况伟大（2005）实证发现，短期内中国房价与地价相互影响，长期内地价影响房价，反过来不成立。Ooi 等（2006）使用新加坡的数据发现了房价是地价的 Granger 因，而非相反。严金海（2006）实证研究认为，短期内房价决定地价，长期内相互影响。郑娟尔等（2006）

研究表明，无论长期、短期，房价与地价互为Granger因，但房价对地价的影响更大。况伟大等（2012）使用新的市场数据实证发现，房价主要由供求决定，地价主要由房价决定，而非由土地出让方式决定。在房价与地价关系上，不同时间、不同区域的研究结果存在明显差异。

虽然不能一般地认为地价会推动房价，但在土地垄断和引致需求下，土地拍卖价格越高，房价越高，土地市场中拍卖土地占比越高，房价越高（况伟大等，2012）。为保障粮食安全，中国实行世界上最严格的耕地保护制度，划定18亿亩耕地红线，实现耕地总量动态平衡。通过实行土地用途管制、建设用地年度供应计划等方式，限制农地过度非农化。土地制度的刚性约束加上地方政府对土地财政的依赖，助推了房价上涨。

Potepan（1996）采用58个大都市区的住房调查数据，估计美国房价对地价的弹性为0.32，平新乔等（2004）和梁云芳等（2006）采用房地产市场的宏观数据，分别估计出中国房价对地价的弹性值为0.79和0.8。王岳龙（2011）采用微观调查数据发现，从全国来看，房价对地价的弹性为0.355，分区域来看，房价对地价弹性最高的是东部中小城市，然后依次是中部大城市、西部大城市、中部中小城市、东部大城市、西部中小城市，市场竞争最激烈的东部大城市与市场竞争最不激烈的西部中小城市地价弹性反而更为接近。

一、作为政府红利的土地红利

土地红利首先是政府的红利，地方政府通过土地财政为基础设施建设融资，改善和提升城市的投资与营商环境，从而推动了房价的上涨。

1982年通过的《中华人民共和国宪法》第十条规定："城市的土地属于国家所有。农村和城市郊区的土地，除由法律规定属于国家所有的以外，属于集体所有；宅基地和自留地、自留山，也属于集体所有。任何组织或者个人不得侵占、买卖、出租或者以其他形式非法转让土地。"中国的城市土地为国家所有，农村土地为集体所有，自然资源土地由法律规定为集体所有的属集

体所有制，除此之外都属于国家所有制。

1988 年，七届全国人大第一次会议通过《宪法》修正案，明确土地使用权可以依法转让。1988 年 12 月 29 日，七届全国人大常委会第五次会议修正了《中华人民共和国土地管理法》，明确实行国有土地有偿使用制度，国有土地和集体所有的土地的使用权可以依法转让，并授权国务院针对土地使用权转让以及国有土地有偿使用的具体办法，可以另行颁布法令进行规定。1990 年 5 月 19 日，国务院发布了《中华人民共和国城镇国有土地使用权出让和转让暂行条例》，以国务院令的形式规定了土地使用权出让、转让、出租、抵押、中止以及划拨等方面的相关事项。1994 年 7 月 5 日，八届全国人大常委会第八次会议通过了《中华人民共和国城市房地产管理法》，申明国家依法实行国有土地有偿、有期限使用制度，进一步完善了土地使用权的出让、划拨方面的规定，为房地产开发与交易创造条件。

土地批租是土地一级市场流通的主要方式，土地批租分为四种类型：协议出让、招标出让、拍卖出让、挂牌出让。协议出让是指土地使用权受让人向国有土地管理机关提出用地申请，由国有土地行政管理机关代表国家与有意受让人就地块的出让方案、出让条件进行协商的土地出让方式，采取协议方式出让土地使用权的出让金不得低于按国家规定所确定的最低价。协议出让形成的土地价格弹性很大，土地主管部门与土地使用者之间存在着广泛的议价空间，这使得设租与寻租普遍存在，土地腐败层出不穷，土地的市场价值得不到体现，造成土地资源的严重浪费。2004 年，国土资源部联合监察部下发通知，要求地方政府在 8 月 31 日前将历史遗留问题界定并处理完毕，8 月 31 日后，不得再以历史遗留问题为由采用协议方式出让经营性土地使用权。2002 年，国土资源部下发《招标拍卖挂牌出让国有土地使用权规定》，明确了国有土地出让“招、拍、挂”的三种形式。招标出让国有土地使用权，是指市、县人民政府土地行政主管部门（出让人）发布招标公告，邀请特定或者不特定的公民、法人和其他组织参加国有土地使用权投标，根据投标结果确定土地使用者的行为。拍卖出让国有土地使用权，是指出让人发布拍卖公告，由竞买人在指定时间、地点进行公开竞价，根据出价结果确定土地使用者的行为。挂牌出让国有土地使用权，是指出让人发布挂牌公告，按公告规定的期限将拟出让宗地的交易条件在指定的土地交易场所挂牌公布，接受竞买人的报价申请并更新挂牌价格，根据挂牌期限截止时的出价结果确定土地使用者的行为。《城镇国有土地使用权出让和转让暂行条例》第十二条规定，土地使用权批租出让最高年限为：居住用地 70 年；工业用地 50 年；教育、科技、文化、卫生、体育用地 50 年；商业、旅游、娱乐用地 40 年；综合或者其他用地 50 年。

1982 年深圳开始试行征收土地使用费，5 年以内短期租赁的年租制一度盛行。但由于年租制中土地承租人的转让、转租和抵押等处分权能的行使受到了较大程度的限制，而且实行土地批租制政府可以一次性获取几十年的土地使用权租金，这使得政府和土地使用者均有激励以批租替代年租，因此在实际执行过程中年租制逐渐式微，批租制成为一级土地出让的主流形式。

农村土地可以通过征用转化为城市建设用地。我国针对征用土地制定的专项法规先后有《国家建设征用土地办法》（1958 年颁布并实施）、《国家建设征用土地条例》（1982 年颁布并实施）、《中华人民共和国土地管理法》（以下简称《土地管理法》）（1986 年颁布，1987 年实施）。1998 年 8 月 29 日第九届全国人大常委会第四次会议对 1986 年颁布的《土地管理法》进行了修订并予以通过，1999 年实施。2004 年第十届全国人民代表大会第二次会议对《宪法》进行了修订，将原《宪法》第十条第三款“国家为了公共利益的需要，可以依照法律规定对土地实行征用”，改为“国家为了公共利益的需要，可以依照法律规定对土地实行征收或者征用并给予补偿”，现行《土地管理法》第二条第四款也作了同样的规定。

由此可见，实施土地征用是为了公共利益的需要，但 1991 年颁布实施的《中华人民共和国土地管理法实施条例》第十七条却规定：国家进行经济、文

化、国防建设以及兴办社会公共事业，可以征收集体所有的土地，经济建设显然并非全部适用于公共目的。1998年颁布且1999年实施的修订后的《土地管理法实施条例》为解决这一矛盾，第十九条规定："建设占用土地，涉及农用地转为建设用地的，应当符合土地利用总体规划和土地利用年度计划中确定的农用地转用指标；城市和村庄、集镇建设占用土地，涉及农用地转用的，还应当符合城市规划和村庄、集镇规划。不符合规定的，不得批准农用地转为建设用地。"可以看出，1998年的实施条例试图以土地利用总体规划、土地利用年度计划以及城市和村庄、集镇规划来替代公共利益，虽然说土地利用总体规划、土地利用年度计划以及城市和村庄以及集镇规划的制定是基于公共利益的考虑，但其具体的实施如房地产开发、城市基础设施建设、工业园区招商引资则往往是商业行为。《土地管理法》第四十三条进一步规定，"任何单位和个人进行建设，需要使用土地的，必须依法申请使用国有土地"，"依法申请使用的国有土地包括国家所有的土地和国家征收的原属于农民集体所有的土地"，这使得农村集体土地转为城市建设用地必须通过政府征收，形成独具中国特色的"城乡分治、政府垄断城市土地一级市场"的土地制度（刘守英，2008）。

对城市土地一级市场的垄断为地方政府"经营城市"创造了条件，为便于经营城市目标的实现，地方政府纷纷成立了土地储备中心对土地进行收储，成立了城投公司进行资本运作与基础设施建设。

1996年上海成立全国第一家城市土地收储机构——上海土地发展中心，1997年，杭州土地储备工作启动。1999年，国土资源部以内部通报的形式转发《杭州市土地储备实施办法》和《青岛市人民政府关于建立土地储备制度的通知》，向全国推广杭州、青岛两市的土地储备开展经验。2001年4月30日《国务院关于加强国有土地资产管理的通知》下发，提出"为增强政府对土地市场的调控能力，有条件的地方政府要对建设用地试行收购储备制度"，自此，土地储备制度由试点发展到全国推行，各地纷纷成立自己的土地储备机构。

1987 年，深圳在协议出让之外，开始尝试以招标、拍卖的方式有偿转让国有土地使用权，深圳国有土地使用权首拍成功，产生了良好的示范效应。上海、珠海、海南、广州等地陆续出台了各自的土地使用权有偿转让办法，土地有偿转让在全国范围渐次铺开。1994 年实施分税制改革，将国有土地有偿使用收入划为地方固定收入，地方政府开始从“经营企业”向“经营城市”转变，并逐渐发展出“土地财政”的地方财政模式，土地出让金作为预算外资金在地方财政中的地位日益凸显。1998 年 7 月 3 日，国务院颁发《关于进一步深化城镇住房制度改革加快住房建设的通知》，正式开启以“停止住房实物分配，逐步实行住房分配货币化”为核心的住房制度改革，具有中国特色的土地财政现象加速形成。

图 3-1 显示，2000 年，国有土地出让金仅为 595 亿元，相当于地方财政一般预算收入的 9.3%，2016 年，国有土地出让金已激增至 3.56 万亿元，增长近 59 倍，相当于地方财政一般预算收入的 40.8%。2016 年地方政府包括契税、土地增值税、房产税、耕地占用税和城镇土地使用税五项税收在内的房地产相关税收收入共计 15018 亿元，占当年地方财政一般预算收入的 17.2%。

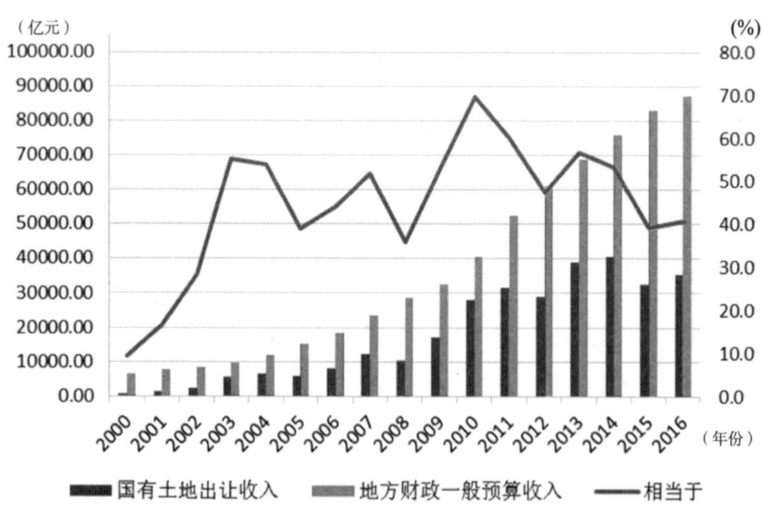

图 3-1　2000~2016 年国有土地出让收入与地方财政一般预算收入变化情况

资料来源：国家统计局、财政部、国土资源部并经作者个人整理。

二、土地本身作为红利

在房地产长期繁荣的时代背景下，土地本身就是红利，只要拿到地就可以盈利，即使遇到“面粉比面包贵”（地价高过房价）的情况，也往往可以以时间换空间，两三年后赚得盆满钵满。这使得房地产的进入门槛比较低，赚钱相对容易，在这样的市场环境下，开发商总结出“反周期”拿地的投资心得，培养出了敢于拿“地王”项目，敢当“地王”的胆识与气魄。很多企业在拿到“地王”项目后短期遇到困难，不得不把“地王项目如何解套”作为公司眼前的重大攻关课题，但是在接下来的一两年内房价飙升，所研究课题也就不了了之了。在这样的商业环境下，“地王”的纪录不断被刷新，2016 年 8 月 17 日融信中国以 110.1 亿元拍下上海静安中兴社区一地块，可售楼面价达到 14.3 万元 / 平方米，创下中国最贵单价地王新纪录。

土地红利的存在“鼓励”了开发商拖延开发周期，变相囤地，赚取土地差价的不良行为。李嘉诚旗下的长江实业、和记黄埔 2014 年中期业绩显示，长和系全球土地储备 2092 万平方米，其中内地 1652 万平方米，占其土地储备总量的近八成，总值近 400 亿元。这些土地大部分在 2007 年以前取得，开发周期往往长达 8 ~ 10 年，如北京的誉天下项目，1993 年长江实业已经成为该项目所在地块的大股东，2003 年完全拥有该项目，2008 年年报显示，该项目占地 74 万平方米，建筑面积 44.5 万平方米，2007 年项目取得首批预售证，推售 7.44 万平方米住宅。在此后的时间里，长江实业基本上每年只拿一次预售证。2007 ~ 2016 年，10 年销售成绩达 150 多亿元，平均每年销售额维持在 15 亿元左右。誉天下项目具有明显的成本优势，1998 年，拿地成本仅需 60 万 ~ 70 万元 / 亩，2008 年涨至 300 万元 / 亩，2016 年，附近成交地块的住宅楼面价已高达 4.46 万元 / 平方米。2008 年，誉天下项目联排别墅每平方米销售单价在 17000 元左右，2017 年 4 月 23 日项目取得第 11 批预售证，住宅拟售单价已高达 62258.14 元 / 平方米至 67669.81 元 / 平方米不等。2005 年，长江实业联手和记黄埔，斥资 1.84 亿元收购位于十三陵世界文化遗产保护区内占地 25.6 万平方米的“北新嘉园”地块，计划将其打造成“皇家别墅”豪宅项目，但 12 年后，该项目仍未动工（王柔金，2017）。

第二节 人口红利

中国房地产业的快速发展，伴随着人口红利的加速释放，20 世纪 80 年代末中国的城镇化率不足 20%，2015 年中国常住人口城镇化率达到 56.1%。在推动中国房地产大发展的 5 大商业红利中，人口红利是一个独立发挥作用，同时又外生于中国房地产市场体系且具有较强解释效力的影响因素。人口红利的特点，使得经济学家倾向于从人口规模、结构变化等角度出发，研究房价与房地产市场的发展变化。

Mankiw 和 Weil（1989）利用 1910 ~ 1983 年的人口数据，分析美国“婴儿潮”的高峰期和低谷期，构建以年龄为函数的住房需求模型。该模型预测出 2007 年前美国住房实际价格将下跌 47%。徐建炜等（2012）基于人口结构的研究发现，虽然整体而言人口抚养比和住房需求负相关，无论是少年抚养比的上升还是老年抚养比的上升，最终都会导致住房价格下降。但由于中国在特殊历史阶段曾采用福利分房政策，对中国 1999 ~ 2009 年的分省面板数据实证研究发现，在这一时期老年人口抚养比的上升反而推动了同期房价的上升。陈斌开等（2012）使用 2000 年和 2005 年的人口普查数据，从微观角度研究人口结构对住房需求的影响，发现个体在 20 岁以后的住房需求快速上升，50 岁后的需求开始逐步下降。以中国人口结构转变为基础估算出的住房需求增长率能够很好地拟合自 2004 年以来中国住房价格的变化。李超等（2015）以人口结构特征为基础，利用面板数据和 GWR 模型对中国住房需求的影响因素、时空效应以及未来的总体走势进行综合考察后发现，2015 ~ 2030 年中国城市住房需求总体走势将呈现“上升—平稳—下降”的“倒

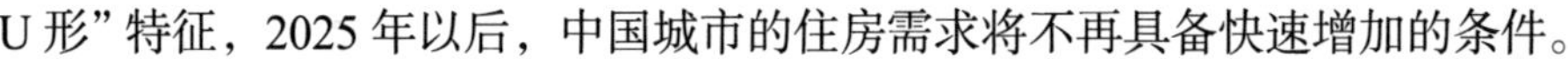

U 形”特征，2025 年以后，中国城市的住房需求将不再具备快速增加的条件。

一、从“婴儿潮”看人口红利

如图 3-2 所示，中国于 1963 ~ 1971 年以及 1987 ~ 1990 年爆发过两次“婴儿潮”，第一代婴儿潮的出现与三年自然灾害结束人口恢复性增长有关，20 多年后出生于第一代婴儿潮的个人进入婚育期，带来第二代婴儿潮。1998 年我国开始启动住房市场化改革，第一代婴儿潮出生的个体成年后的居住问题主要依靠福利分房解决。第二代婴儿潮对中国房地产市场带来巨大外生冲击是 2003 年以来中国住房价格快速上涨的主要原因之一，随着 20 世纪 80 年代第二代婴儿潮出生的个体纷纷成家立业，中国住房需求不断上升，房价持续上涨。

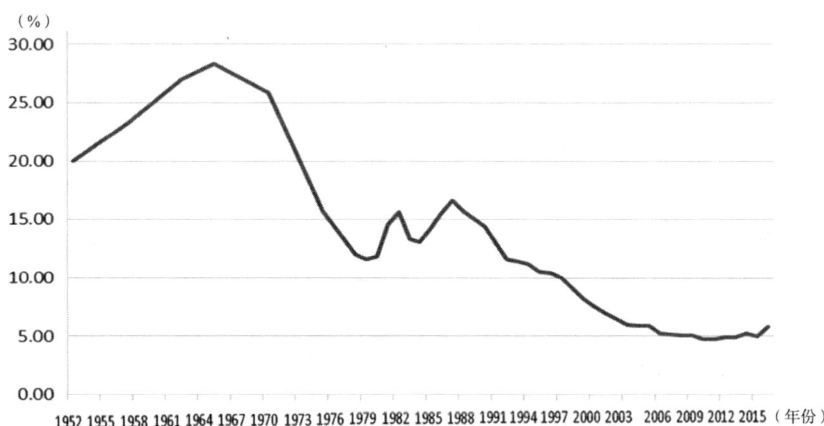

图 3-2 中国人口自然增长率变化情况

资料来源：Wind。

二、从抚养比看人口红利

人口抚养比例是指 64 岁以上和 15 岁以下非工作人口占 15 ~ 64 岁工作人口的比例，具体又分为少年人口抚养比例（15 岁以下人口占工作人口比例）和老年抚养比例（64岁以上人口占工作人口比例）。世界银行WDI数据库提供的数据显示（见图3-3），中国的人口抚养比从1998年的48.64%逐年下降至2011年的34.49%，从2012年开始缓慢回升，2015年已达36.58%。2000～2011年，少年人口抚养比例从38%下降至22.13%，然后开始缓慢回升，但到2015年该指标仍仅为22.63%。老年人口抚养比例则整体呈上升态势，2000年为9.9%，2015年已达14.33%。

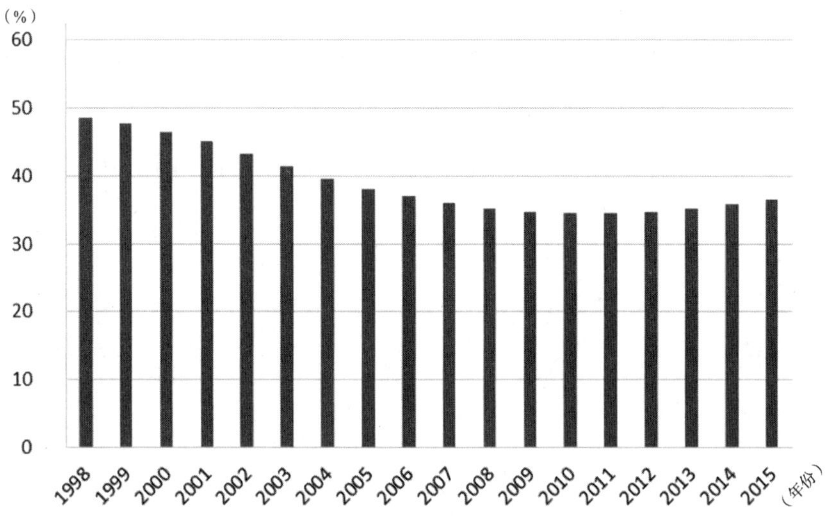

图3-3　中国人口抚养比例变化情况

资料来源：世界银行WDI数据库。

如图3-4所示，少年人口抚养比下降，为劳动力市场提供了生力军，为房地产市场提供了潜在客户。2000～2011年，中国的中青年人口增加了8000万左右，这些人为了成家而置业，给中国房地产市场带来结构性变化。

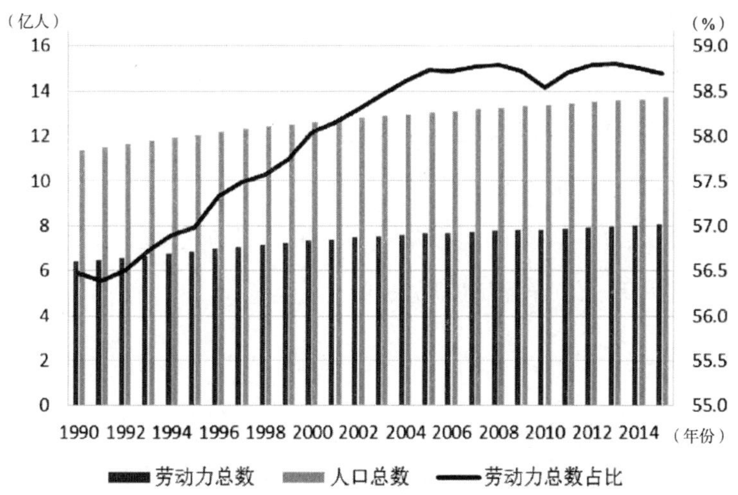

图 3-4　中国劳动力人口与总人口变化情况

资料来源：世界银行 WDI 数据库。

第一代婴儿潮通过福利分房拥有住房，他们的工资不一定很高，但有一定的储蓄。第二代婴儿潮人口置身于市场化改革的大潮之中，自 1998 年启动房改以来，住房只能通过货币化手段购买。作为第二代婴儿潮人口的父母，第一代婴儿潮人口为子女购房解囊相助，两代人的储蓄，共同释放于房地产市场，在房价上涨的预期作用下，推动房屋价格提前实现上涨。徐建炜等（2012）研究认为，出生于第一代婴儿潮的老人的额外储蓄将在 2015 年左右释放完毕，从人口结构变化的角度分析，2015 年后中国的房价不再具备快速上涨的条件，甚至将在长期中逐渐走弱，人口抚养比与房价的负相关最终会逐渐显现。

三、零和博弈下的人口红利

1990 ~ 2015 年，中国总人口增加了 2.36 亿，其中 15 ~ 64 岁的人口保持了十多年的连续增长，图 3-5 显示，2011 年其占总人口的比例达到 74.35% 的峰值，然后开始出现逐步下降的趋势。人口总量增速下行，人口抚养比抬升，老龄化社会到来，劳动力人口占比出现拐点，种种迹象表明，中国人口红利的下降已不可避免。

与此同时，流动人口总量也在 2014 年达到 2.53 亿元峰值后出现下降（见图 3-6），多年来流动人口数量一直呈上升态势，为中国的工业化进程做出了重要贡献，但随着房价飞涨、城市化门槛不断提高，再加上各地城市综合治理措施的相继出台，低技能的流动人口已很难在城市立足。2015 年，一线城市上海也一度出现人口净流出的现象。

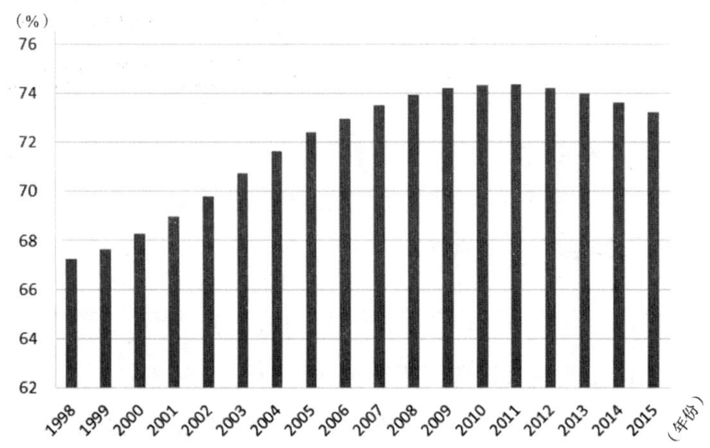

图 3-5　中国 15～64 岁人口占总人口比例变化情况

资料来源：世界银行 WDI 数据库。

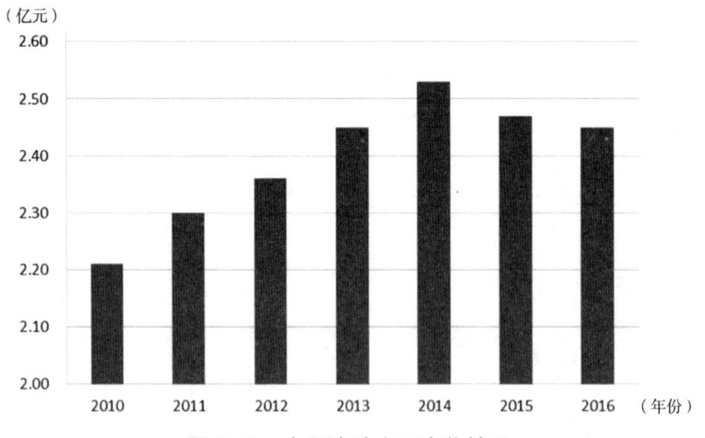

图 3-6　中国流动人口变化情况

资料来源：Wind。

面对人口红利衰减，如何抢夺人口红利残值，成为摆在房地产开发商与市政府面前的新课题，对人口的争夺，是一场商业战争，同时也是一场城市战争。苏雪晶等（2015）较早地将其归结为“零和博弈下的城市战争”，从人口迁徙的角度分析城市的房地产投资机会。有人口流出的城市，自然会有人口流入的城市，研究城市人口结构与人口流动趋势，对于把握房地产投资机会至关重要。但在开发商还在研究城市人口变化的同时，各城市的人才争夺战却已经打响。2017 年 2 月，武汉正式提出 5 年内力争留住 100 万名大学生的目标；同年 3 月，宣布大学生在读期间可以以个人名义缴存公积金；2017 年 4 月，成立“招才局”，将招才引智列为“一把手工程”，并放宽大学生落户条件。2017 年 3 月 1 日，西安推出“三放四降”户籍准入新政策，全年新迁入西安落户总人口达 25 万余人。2018 年 2 月 1 日，西安户籍新政再次升级，个人落户一站式办结，截至 5 月 14 日，2018 年不到 5 个月的时间里西安新增落户 40 万余人。

第三节 资本红利

Wong 等（2003）使用 1981 ~ 2001 年香港的数据，分析利率和通货膨胀对房价的影响，结果表明，1997 年之前香港通货膨胀和利率对房价的影响为负；1997 年之后香港通货紧缩期，利率对房价的影响为正，利率和房价之间不存在 Granger 因果关系。Fratantoni 和 Schuh（2003）采用美国 1986 ~ 1996 年的数据，通过异质代理人矢量自回归模型（Heterogeneous-Agent VAR Model）研究发现，利率与住房升值之间是负相关的。平新乔等（2004）运用中国 35 个大城市面板数据，对融资、地价与房价之间的关系进行考察，研究发现无论对房地产投资而言，还是对房价、地价以及房屋销量而言，政府支持的银行信贷对其都具有正向推动作用。Iaeoviello（2005）建立了产品市场、借贷市场、房地产市场和货币政策的一般动态均衡模型，研究发现从紧的货币政策会对住房价格产生负面影响。Deokho 和 Ma（2006）运用韩国 1991～2002 年的数据进行研究，结果显示，长期来看，利率与房价是负相关的，短期来看，利率是房价的 Granger 因。Kim 等（2006）运用美国 1972～2003 年的数据，通过协整检验发现，扩张性货币政策对住房市场产生了正向影响，但对存量住房市场的影响大于对新增住房市场的影响。周京奎（2006）在房地产市场局部均衡的框架下探讨金融支持过度与房地产泡沫的生成和演化，认为在房地产开发商和置业者都可以从银行取得贷款的信贷环境下，当市场存在群体投机行为时，房地产价格将高于基础价格，并且会随着金融支持力度的增加而不断上升。张涛等（2006）研究发现，中国房地产价格水平与银行房地产贷款正相关，住房按揭贷款利率的提高可抑制房地产价格的上涨。Wheaton 等（2008）运用美国 59 个大都市统计区 1998～2005 年的数据考察收入、人口、利率等经济变量对房价的影响发现，利率变动不能解释房价变动。高波等（2009）运用 2000～2007 年的指标，通过协整检验和脉冲响应函数分析，探讨中国房地产市场货币政策传导机制的有效性，研究表明，货币供给量与房地产贷款对房地产价格有正向影响。况伟大（2010）构建了购房者、开发商和中央银行的住房市场比较动态均衡模型，对中国 35 个大中城市 1996～2007 年的数据进行回归后发现，利率对房价影响不显著，收入对房价的影响大过开发成本。

Benson 等（1997）采用美国华盛顿州波因特罗伯茨城（Point Roberts）1984～1994 年的数据考察加拿大投资对美国住房价格的影响，结果显示，加元对美元的汇率越高，加拿大对美国房地产市场的投资力度越大，美国的住房市场价格越高。Furman 等（1998）认为，资本账户开放以及外资流入、流出是造成东南亚房地产泡沫和金融危机的重要原因。Herring 等（2002）研究认为，金融自由化使国外资本进入到房地产市场，导致房地产价格上涨。宋勃等（2007）利用中国 1998～2006 年实际利用外资和房地产价格的季度数据研究发现，短期房价上涨将吸引外资流入，长期外资流入将导致房

价上涨。杜敏杰等（2007）构建了房地产价格波动和汇率波动关系的理论模型，研究表明汇率上升将导致房地产价格上涨。Guo 和 Huang（2010）使用 1997～2008 年的月度数据考察了“热钱”（Hot Money）对中国房价和股价的影响，研究发现，热钱的进入加剧了短期房价的上升和波动。况伟大（2013）构建了外资参与的房地产市场局部均衡模型，运用中国 35 个大中城市 1996～2010 年的房地产市场和 FDI 数据研究发现，需求环节外资流入将导致房价上涨，开发环节外资流入将导致房价下降。

一、从货币宽松看资本红利

货币供应量尤其是货币供应量的增长率反映了货币的宽松程度，通常用 M2 的增长率来表示。1985 年中国的 M2 余额为 5198.9 亿元，仅相当于当年 GDP 的 57%，1998 年，增长为 10.45 万亿元，达到当年 GDP 的 1.2 倍，到 2016 年，M2 已高达 155 万亿元，是 GDP 的 2 倍多。由图 3-7 可以看出，除了 2008 年受金融危机影响 M2/GDP 有明显下降之外，其余年份 M2/GDP 整体都在增长，M2 对中国经济的拉动作用十分明显（同时也表明货币对经济刺激的边际效应在持续递减）。

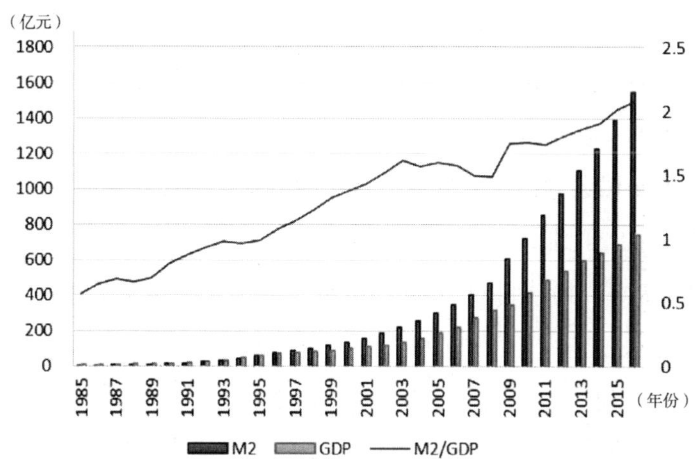

图 3-7　1985~2015 年中国历年 M2 余额与 GDP 增长情况

资料来源：Wind。

不仅中国采取了宽松货币政策，美国次贷危机和欧洲债务危机发生后，各国央行为应对流动性危机，先后启动了量化宽松政策。2008年12月，美联储将联邦基金利率降到零至0.25%的历史低位，通过购买1.725万亿美元的中长期国债、抵押贷款支持证券等方式迅速扩大资产负债表，推行第一轮量化宽松的货币政策，希望用注入流动性的方式刺激经济增长。2008～2013年，美国共推行了四轮量化宽松政策。日本到2012年底，共推行了10轮QE1，规模达101万亿日元，2013年，日本宣布实施新一轮“开放式”量化宽松政策，从2014年开始每月买入13万亿日元金融资产，前后共计买入大约2万亿日元国债，推动日元相对美元持续大幅贬值。在这段时间，欧元区的量化宽松主要为长期再融资操作（LTRO）和直接货币交易操作（OMT）承诺，但对实体经济的刺激效果并不明显。

金融危机之后，各国竞相开启量化宽松，通过发行国债的方式加大基础货币投放，无论美国还是日本，基础货币量通过量化宽松都翻了近4倍，但作为货币创造的主要部门，商业银行对实体经济并不看好，投放信贷的意愿并不积极，因此基础货币的增长并没有同步反映到广义货币M2的增长上，货币乘数效应没有得到充分体现。各国央行最后没有办法，只能使用“零利率”政策，欧洲央行甚至采取了负利率政策，极力推动经济复苏。

在世界各国竞相推行量化宽松的经济背景下，作为新兴经济体及贸易出口大国，中国要参与世界范围内的制造业竞争同时发展本国经济，在货币政策的选择上必然会倾向于采取货币宽松的方式，但在特定的制度环境下，货币宽松会带来出乎预期的后果①，那就是资产价格的快速上涨。

由图3-8可以看出，自2005年以来，中国商品房销售额除了在2008年

① 2017年3月26日央行行长周小川在博鳌亚洲论坛表示，我们已经到了周期的尾部，不再是宽松的货币政策了。中国过去使用反应性的货币政策来应对金融危机，采取适应性的政策，就要做适度扩张的货币政策。不能说货币宽松政策造成通胀和资产泡沫，这其实是不预期的后果。见《周小川：货币宽松已到周期尾部要认真思考何时离开》：http://www.guancha.cn/economy/2017_03_26_400584.shtml。

和 2014 年出现过短期的下滑，与 M2 的增长保持一致，整体呈上涨趋势。图 3-9 进一步反映出，2005～2013 年，中国 70 个大中城市新建住宅价格同比涨幅与中国 M2 的同比增速保持了较好的一致性，从 2014 年开始才出现背离。

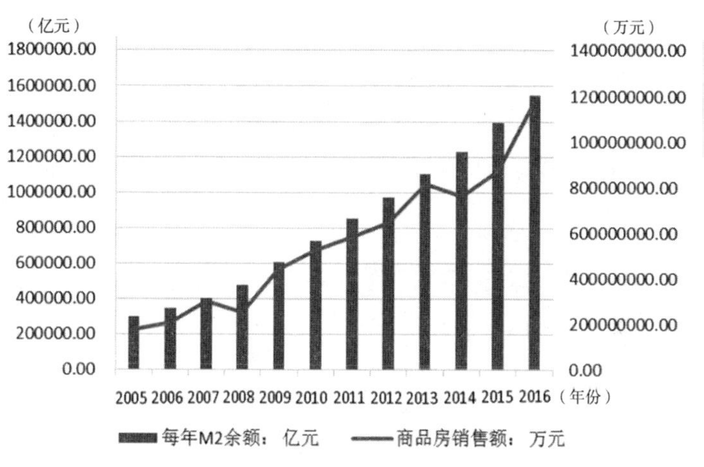

图 3-8 中国历年 M2 余额与商品房销售额

资料来源：Wind。

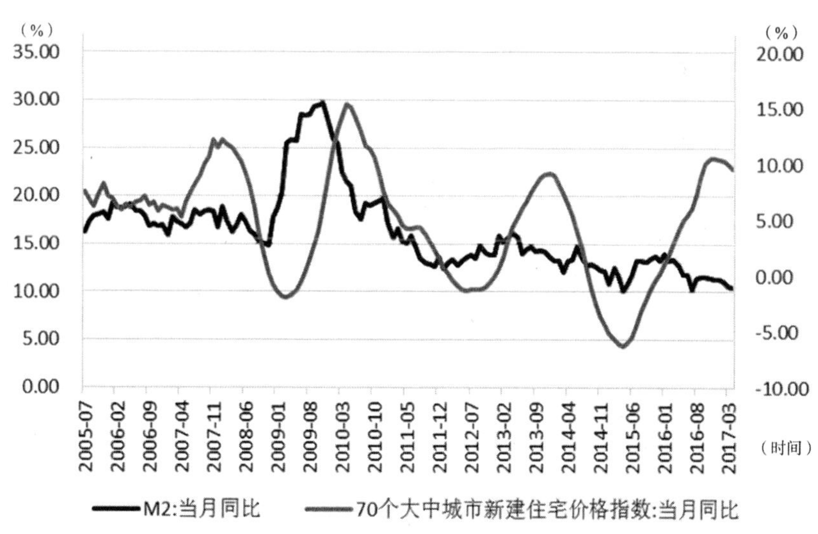

图 3-9 中国 M2 同比增速与房价同比涨幅

资料来源：Wind。

目前，中国的 M2 总额已经超过美国和日本之和，过多的流动性并没有带来严重的通货膨胀，这是因为房地产充当了流动性的蓄水池，大部分流动性被房地产高峡筑坝所吸纳，从而降低了社会一般商品的通胀压力。谭政勋（2013）对房价、CPI 与货币政策传导机制进行了中美比较研究，发现美国房价与 M1、M2 走势的一致性明显不如中国，在次贷危机全面爆发后，美国房价与 M1、M2 之间甚至出现了明显的背离走势。

M2 增长推动了中国房价的增长，所以社会普遍认为，中国房价本质上是一种货币现象。然而，从图 3-9 可以看出，2013 年后，M2 走势和房价走势之间出现背离，2014 年之前，中国 M2 月同比涨幅均在 12% 以上，2015 ~ 2017 年连续三年出现 M2 月同比涨幅低于 11% 的情况，其中 2016 年全年平均涨幅为 12%，创历史新低，但同一年房价涨幅却创了历史新高。对这一新现象，尹中立（2017）认为是由影子银行体系在最近几年的急剧扩张造成的。

2005 年，银监会颁布《商业银行理财产品暂行管理办法》，允许银行在资产负债表之外建立理财市场，以推动和促进利率市场化改革。但由于普遍存在预算软约束，国有企业和地方政府不能作为真正的市场主体参与市场竞争，在这样的制度环境下，不但利率市场化难以推进，反而几年之内在银行体系之外再造了一个规模庞大的“影子银行”。影子银行体系由银行理财、信托、券商资管、保险等组成，2007 年，影子银行的规模还只有 6 万亿元，截至 2016 年底，其规模已经超过 100 万亿元。同时，自 2015 年中央政府明确地方政府可以进行债务置换，地方政府债务置换成债券的过程，也是货币创造的过程。2015 年，地方政府债务置换规模是 3 万亿元，2016 年置换规模翻了一番，高达 6 万亿元。

导致 2015 ~ 2016 年房价飞涨的根源仍然是货币，只是此时的 M2 已难以全面反映社会的货币信贷状况了。除 M2 外，影子银行创造了大量的货币信用，根据尹中立（2017）的测算，如果以 [（银行资产 + 理财资产）增速 – GDP 增速] 作为超发货币增速，则 2016 年超发货币增速达 16.78%，创历史

新高，这可以解释为什么 2016 年房价会在 M2 同比增速降低的情况下出现飙升。

二、从信贷政策看资本红利

长期来看，房地产呈现升值趋势且房地产抵押贷款一般不超过房价的 80%，风险低；作为固定资产，房地产存续时间长，授信期限最高可达 30 年；房地产价值总额高，抵押贷款授信额度大，因此作为优质资产房地产抵押贷款深受银行青睐。2004 年，中国商业性房地产贷款余额为 2.38 万亿元，个人住房贷款余额为 1.6 万亿元，如图 3-10 所示，截至 2016 年底，商业性房地产贷款余额高达 26.7 万亿元，个人住房贷款余额高达 18 万亿元，12 年间涨了 10 倍多。

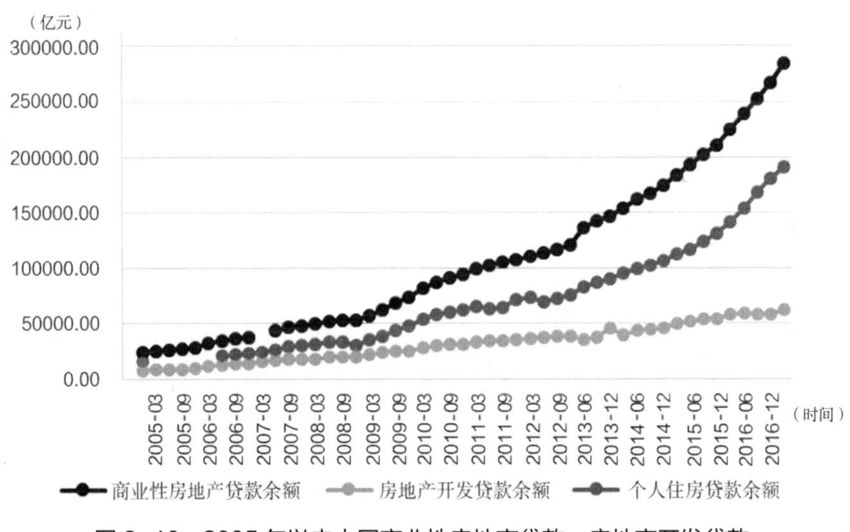

图 3-10 2005 年以来中国商业性房地产贷款、房地产开发贷款、个人住房贷款余额增长情况

资料来源：Wind。

由于信贷宽松能够促进房地产市场繁荣，央行习惯于通过信贷政策对房地产市场进行宏观引导或调控。如 2002 年 3 月，央行将 5 年期以上贷款利率

由4.59%降到4.05%；2003年6月，出台121号文件，要求适当提高第二套住房的首付比例；2005年3月，房贷优惠政策取消；2006年4月，再次上调房贷利率；2007年9月，规定以家庭为单位，第2套住房贷款首付比例不得低于40%，利率不得低于基准利率的1.1倍，全年共加息6次，上调存款准备金10次；2008年9月，降低贷款利息0.27个百分点；2009年1月，四大国有银行宣布，无不良信用记录的优质客户原则上可以申请七折优惠利率；2010年1月，国务院明确第二套住房首付比例不能低于40%，各商业银行暂停发放居民家庭购买第三套及以上住房贷款；2011年，央行共上调存贷款基准利率3次，一年期贷款利率累计增加75个基点，达到6.56%，同时6次上调存款准备金率，累计冻结流动性约1.8万亿元。

与中国房地产市场长期繁荣相伴生的，是频繁的房地产宏观调控，作为便于操作的政策工具，存款准备金与银行信贷的使用频率相对更高一些。为应对经济下行压力，2015年央行连续5次降息、5次降准，释放了大量流动性。在货币、信贷宽松政策刺激下，2016年1月人民币贷款新增2.51万亿元，同比多增加1.04万亿元，远超市场预期，创历史新高。2015年10月24日，5年期以上贷款基准利率由5.15%下调为4.9%，再加上首套房利率通常为8.5折（少数银行甚至可以低至8.0折），主流首套房贷款利率为4.17%，创历史新低。在宽松的政策环境下，2016年2月出台的购房新政引爆了楼市，启动了房地产的“大年”行情。

楼市火爆，房贷繁荣。Wind资料显示，截至2016年底，中国商业性房地产贷款余额增至26.7万亿元，上年同期为21万亿元，增长了27.1%，个人住房贷款余额增至18万亿元，上年同期为13.1万亿元，增长了37.4%。2016年的商业性房地产贷款新增5.7万亿元，超2015年全年2.8万亿元水平的2倍，个人住房贷款新增4.9万亿元，接近2015年全年2.5万亿元2倍的水平。2016年新增人民币贷款12.6万亿元，其中商业性房地产贷款占45%。

由图3-11可以看出，从2014年开始，房地产开发贷款增速明显超过个

人住房贷款增速；2015 年开始房地产开发贷款增速大幅下降，个人住房贷款增速明显上升；到 2016 年，个人住房贷款增速与房地产开发贷款增速之间的裂口不断扩大，显示居民部门在大幅加杠杆，而开发贷款增速下滑可能跟房地产企业拓展融资渠道，通过债券、资产证券化等表外融资方式直接融资有关。

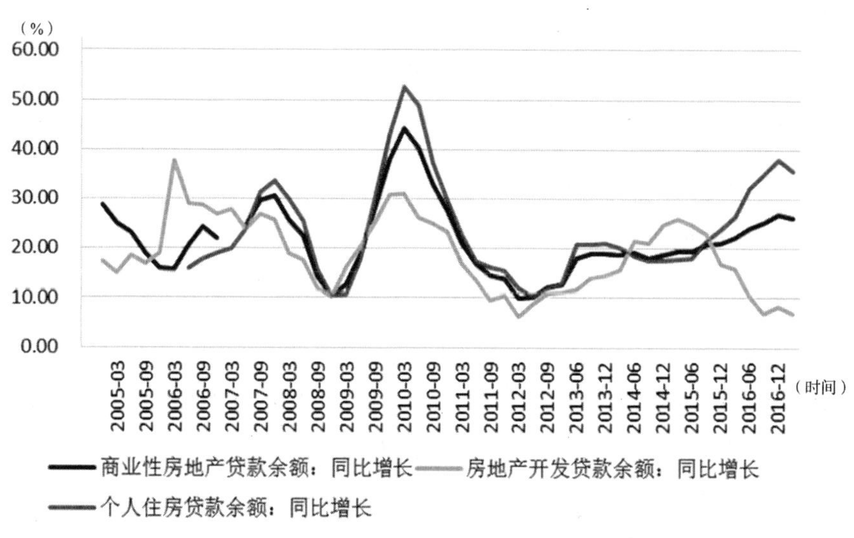

图 3-11　2005 年以来中国商业性房地产贷款、房地产开发贷款、个人住房贷款余额增长情况

资料来源：Wind。

中国信贷政策对房地产市场的支持还体现在公积金制度上。1991 年我国的城市住房公积金制度在上海开始试点，1994 年推向全国，打破了传统住房建设投资由国家、单位统包的体制，建立起居民、企业和政府三者共同负担建房资金的筹措机制。截至 2013 年 3 月末，全国住房公积金缴存人数为 1 亿人，占城镇就业人员 3.7 亿人的 27%，其中国有企事业单位 6704 万人，国家公务员 709 万人，合计占 74.13%。截至 2015 年底，住房公积金缴存人数扩大到 1.24 亿，提取总额 4.88 万亿元，个人贷款累计发放金额 5.33 万亿元，贷款率 80.8%，缴存余额 4 万亿元。

孔行等（2010）通过数值模拟分析表明，对房地产市场消费需求的影响程度而言，房地产贷款利率的影响要远远大于贷款按揭成数。高波等（2009）构建了5个向量自回归模型，运用2000~2007年的数据进行协整检验和脉冲响应函数分析，发现房地产贷款的增长推动了房地产价格的上涨。利率提高虽然对控制商业银行在整个国民经济中的贷款供给是有效的，但对抑制房地产行业的贷款供给效果并不明显。这充分表明，当房地产价格上涨带来的投资收益足以弥补按揭利率上升带来的投资成本时，房价对利率并不敏感。谭政勋（2013）对房价、CPI与货币政策传导机制进行了中美比较研究，发现与中国相比，美国房价对货币以及利率冲击更为敏感，但美国利率对房价的影响程度大于货币供应量对房价的影响程度，但中国则恰恰相反。

中国的房价与信贷之间存在双向驱动关系，房贷增长促进了房价上涨，房价上涨反过来又会推动房屋贷款的扩张，这增强了银行系统的信用创造能力，带来货币供应量的增加，信贷扩张对房价上涨具有加速器作用。这种情况的出现有两方面的原因：一是中国的投资渠道仍比较单一，房地产是居民和企业投资的首选；二是中国的融资渠道仍比较单一，银行贷款是居民乃至企业的主要融资方式。与美国不同，2014年在表外融资盛行以前，中国的货币供应主要依靠银行系统通过基础货币、信贷与货币乘数内生实现。

中国的货币供应是由央行向商业银行投放基础货币，然后再由商业银行基于基础货币向社会投放信用货币。M2主要包括外汇占款投放、政府支出投放以及银行信用派生等，其中外汇占款投放属于基础货币投放中被动投放的部分，央行对其不拥有自主权，政府支出投放也同样不在央行掌握之中。央行自主掌握的手段主要包括央票发行、再贷款和公开市场操作等，央行主要通过窗口指导、信贷额度管控、MPA考核等方式调节银行信用派生，控制M2总量。此外，表外理财中企业融资部分也是一种信用供给，除了流动性比M2差之外，性质和M2十分接近，应将其纳入广义信贷范畴。银行信用派生包括信贷、自营非标（同业理财、资管产品、信托计划等）、自有资金购买企

业债券等，其中信贷是最主要的派生来源。

图 3-12 显示，2013 年以前，金融机构贷款余额同比增长情况与个人住房贷款余额同比增长情况基本保持一致，2013 年之后，金融机构贷款余额同比涨幅出现下滑，个人住房贷款余额同比大幅上涨。2016 年新增人民币贷款 12.6 万亿元，其中商业性房地产新增贷款 5.7 万亿元，占比 45%，新增 5.7 万亿元的商业性房地产贷款中，个人住房贷款新增 4.9 万亿元，占比 86%。随着居民部门加杠杆购房，银行信贷中个人住房贷款占比不断提高，参与创造出更多的货币信用，在房地产市场信贷高杠杆的情况下，房价越来越偏离经济基本面，成为市场炒作的投资品。

作为房地产金融属性的表现方式，房价因越有人炒作，房价越高，房价越高，越有人炒作而呈现出自我实现的特征，现在又叠加了房贷创造货币信用、货币信用推高房价的内生机制，从而使房地产市场投机愈演愈烈。

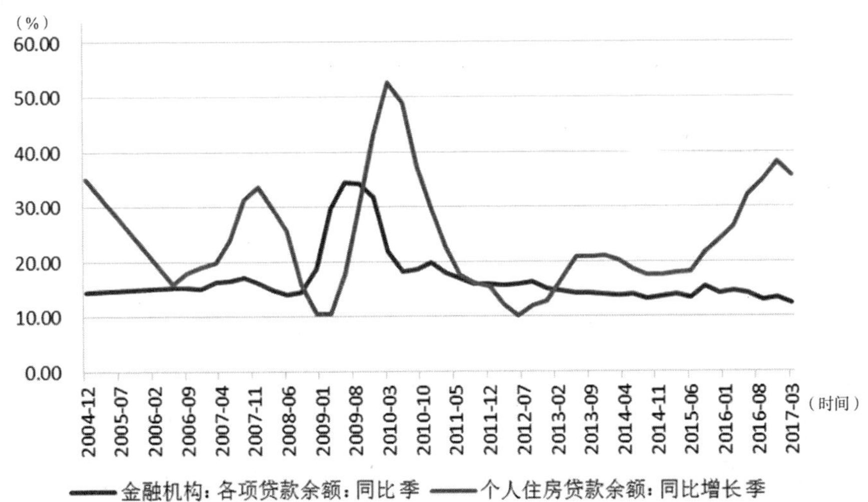

图 3-12 2004 年以来金融机构各项贷款余额与个人住房贷款余额同比增长情况

资料来源：Wind。

三、从汇率升值看资本红利

实际有效汇率指数剔除了通货膨胀因素，能够比较真实地反映本国货币对主要贸易伙伴国家货币的兑换价值。由图 3-13 可以看出，自 1994 年人民币与美元重新挂钩以来，人民币对主要贸易国家的货币整体呈现上升趋势，尤其是 2001 年 12 月 11 日中国正式加入 WTO 后，在接下来的两年时间人民币出现了短期的明显贬值，但从 2005 年开始人民币的上升势头明显。

图 3-13　1994 年以来人民币实际有效汇率指数变动情况

资料来源：Wind。

2005 年 1 月 4 日，美元对人民币的中间价为 8.2765，2015 年 12 月 4 日，这一数值为 6.3851，10 年时间，美元对人民币贬值 23%。人民币持续升值及房价长期上涨，吸引国际资本通过外商股权投资、债权投资等多种渠道流入中国。如图 3-14 所示，2000 年加入 WTO 之前，中国房地产业的外商直接投资为 46.59 亿美元，2014 年，这一数值高达 346.26 亿美元，14 年增长了 6.4 倍。将其与制造业的外商直接投资进行对比后发现，2000 年，投向房地产业的外商直接投资仅为投向制造业的外商直接投资的 18%，14 年后，这一比例高达 87%，表明出于对利润的追求，越来越多的 FDI 转向投资中国的房地产。

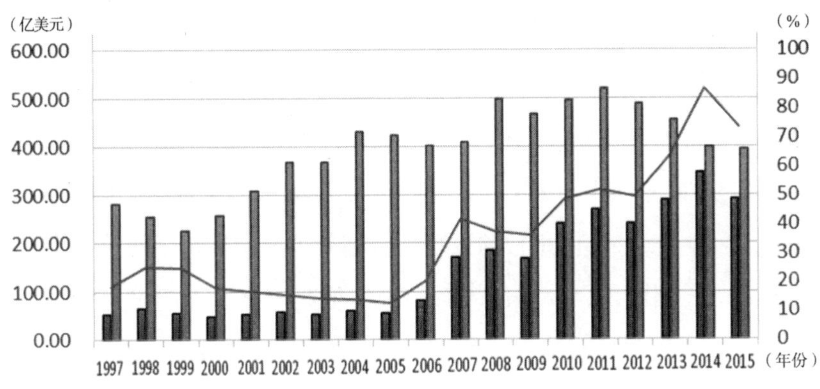

图 3-14 1997~2015 年中国房地产业与制造业外商直接投资增长情况

资料来源：Wind。

据 IMF《2003 年各国汇兑安排与汇兑限制》，187 个国家中，有 137 个国家对非居民投资房地产设立了准入限制，不符合规定者不具备在本国购买房屋的资格，具备资格的外籍购房者在税负上也要承担更高的成本，以打击房地产市场投机。2006 年之前，中国对境外机构和个人房地产投资开发及交易没有采取限制措施，这给外国资本炒作中国房地产创造了条件。国际投行摩根士丹利、高盛等，资产管理机构凯德、黑石等，国际投资机构软银亚洲、凯雷投资等纷纷以各种渠道进入中国房地产，通过短期持有，实现高位套现。据中国人民银行金融市场司调查数据，2004 年第四季度，上海境外资金占全部购房资金的比例高达 23.2%。为抑制境外资金炒作，2006 年 7 月，建设部等六部门联合发布《关于规范房地产市场外资准入和管理的意见》，规定在中国境内设立分支、代表机构的境外机构以及在中国境内学习、工作超过一年的外籍人士可以购买用于自住的商品房。2010 年 11 月，住建部与国家外汇管理局联合发文，规定外籍人士在中国境内只能购买一套自住用房，在境内设立分支、代表机构的境外机构只能在注册城市购买办公所需的非住宅房屋。2015 年 8 月，住建部等六部门联合发布《关于调整房地产市场外资准入和管理有关政策的通知》，取消限外令，但同时强调对实施住房限购政策的城市，外籍人士购房应当符合当地政策规定。

宋勃等（2007）利用 1998 ~ 2006 年中国房地产价格及实际利用外资数据建立模型，通过 Granger 因果检验发现，短期来说，中国房地产价格上涨吸引了外资流入；长期而言，外资流入对中国房地产价格上涨产生了实质影响。2014 年之前，中国房地产吸引了大量国外资本流入，在房价上涨的同时汇率不断升值，2014 年中国房地产业吸引外资达到历史高位的 346.26 亿美元，2015 年下滑至 289.95 亿美元，减少了 56.31 亿美元。2015 年住建部等六部门联合发布《关于调整房地产市场外资准入和管理有关政策的通知》，为外商投资房地产企业松绑，除了实施限购政策的城市境外个人购房应符合当地政策规定外，取消外籍人士在中国境内只能购买一套自住用房，在境内设立分支、代表机构的境外机构只能在注册城市购买办公所需的非住宅房屋的限制，在资本外流的金融环境下，相当于为国外机构投资国内房产重开方便之门。

第四节 制度红利

以上部分从生产要素的角度分别分析了土地、人口、资本在中国房地产长期繁荣过程中所发挥的作用。在这三大生产要素中，人口因素完全独立于中国的房地产制度体系，因此被学者们认为对中国房价上涨具有相对较强的解释力；资本因素中有一部分独立于中国房地产制度体系，也有一部分因为房贷能够创造货币信用而内生于中国房地产制度体系之中；土地因素则本身就是中国房地产制度体系的组成部分，制度红利与土地红利具有一定的相关性。

本书没有将收入水平作为解释因素单独列出，是因为收入水平包含于人口及资本因素之中，同时中国的房价收入比远远高于世界其他国家水平，仅从收入的角度出发进行解释说服力不强。区别于强调影响房价上涨单一因素

的一般研究思路，本书更强调多因素相互之间的正反馈与强化机制，正是在多种力量的反馈与强化作用下，中国的房价才得以持续上涨，创造出让世人瞩目的房地产奇迹，制度因素恰恰是这样一种效果显著的反馈与强化机制。

一、土地国有制制度红利

1982 年通过的《中华人民共和国宪法》（以下简称《宪法》）第十条规定，城市的土地属于国家所有，农村和城市郊区的土地，除由法律规定属于国家所有的以外，属于集体所有。2004 年第十届全国人民代表大会第二次会议对《宪法》进行了修订，将原《宪法》第十条第三款改为“国家为了公共利益的需要，可以依照法律规定对土地实行征收或者征用并给予补偿”，这使得农村集体土地转为城市建设用地必须通过政府征收，中国政府垄断了土地供应一级市场。

1982 年的修宪将城市土地宣布为国家所有，经过改革开放前长年的社会主义改造，当时的社会对这场悄无声息的“土地革命”基本没有太多反响，但宪法的这一次修订意义深远，它奠定了中国政府土地红利的制度基础，中国政府掌握了土地这一重要的生产要素，为日后经营城市创造了条件。2004 年的修宪也非常重要，它为中国政府赋予了农村土地的征用权，使中国政府能够以青苗补偿等较小的征收成本获取农村土地，然后通过招拍挂的商业运作模式高价出让给房地产开发商赚取差价，获取土地收益。

由图 3-15 可以看出，在中国政府每年审批的建设用地中，农用地转用建设用地的占比较高，常年维持在 70% 左右。同时图 3-16 表明，在农用地转用建设用地中，主要是耕地转用占了较大的比重，2001 年这一比例最高为 76%，2001 年后该值整体呈下降趋势，到 2014 年这一比例已下滑至 57.5%。2012 年开始，我国政府整体审批的建设用地面积也开始下滑，其中农用地转用建设用地的面积同步下滑，意味着在 18 亿亩耕地红线的限制下，对农用地尤其是耕地的征收不可能无限扩张，政府土地财政模式的硬约束条件正在逐步发挥作用。

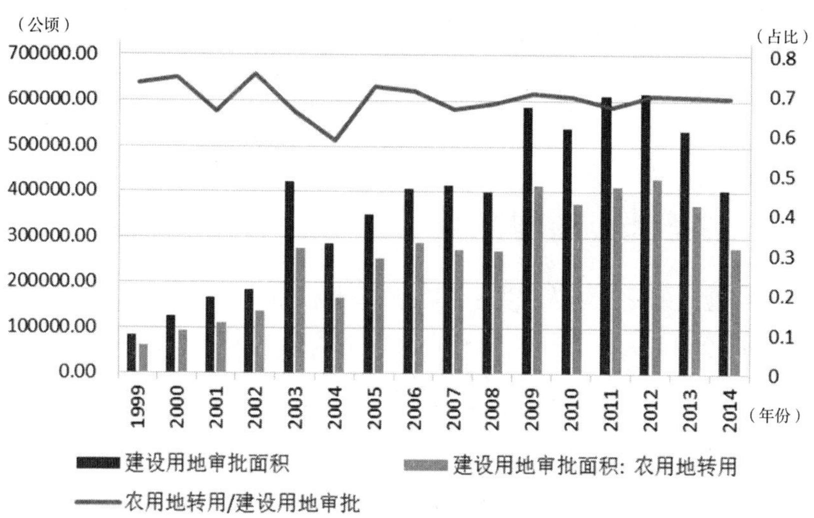

图 3-15　1999~2014 年中国建设用地审批与农用地转为建设用地变化情况

资料来源：Wind。

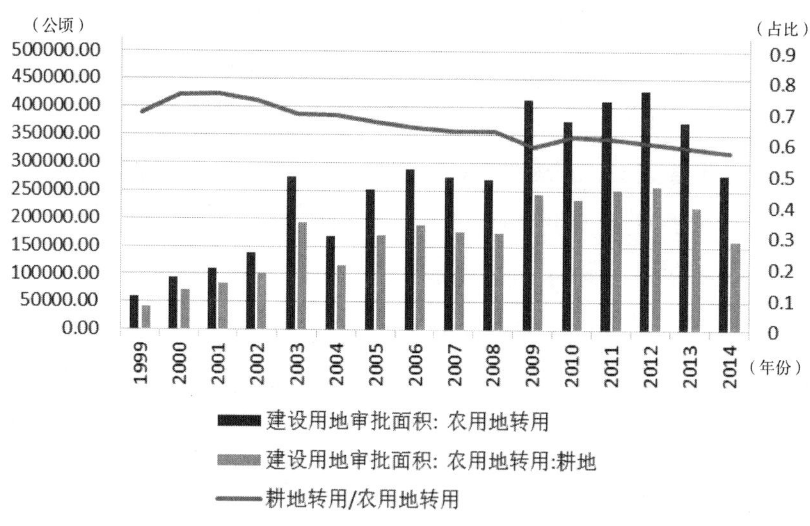

图 3-16　1999~2014 年中国农用地转用建设用地与耕地转用建设用地变化情况

资料来源：Wind。

二、分税制制度红利

1994 年中国推行分税制改革是财政倒逼的结果。自 1984 年以来，中央政府的财政汲取能力逐年下降，图 3-17 显示，1984 年中央财政收入占全国财政收入的比例为 40.5%，到 1993 年，下降到 22%。在分税制改革以前，地方政府热衷于“经营企业”，通过对地方国有企业利润留成的方式获取预算外收入。1994 年中央政府实行“上收财权，下放事权”的分税制改革，统一征收营业税、增值税和企业所得税，不再按企业隶属关系征税。改革当年，中央财政收入占全国财政总收入的比例迅速回升至 55.7%。

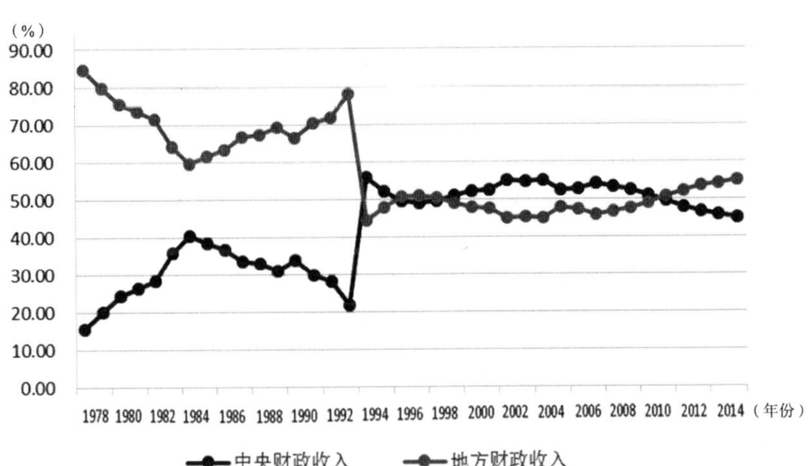

图 3-17　1978~2014 年中国中央财政收入与地方财政收入对比变化情况

资料来源：Wind。

分税制改革改善了中央政府的财政状况，但地方政府的财政收入却大幅下降。与此同时，如图 3-18 显示，地方政府的财政支出占比不降反升，巨大的财政收支缺口只能通过中央政府的财政转移支付以及地方政府的预算外收入加以弥补。地方政府很快发现，以“经营城市”为特征的“土地财政”模式，能够便捷地获取预算外财政收入，1994 年实施分税制以来，以土地财政为主体的预算外收入逐渐构成地方政府财政收入的主要部分。

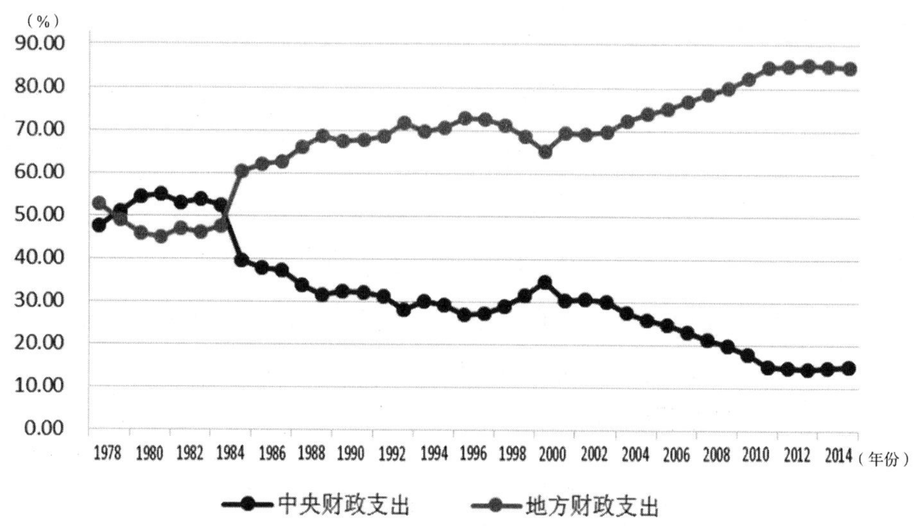

图 3-18　1978~2014 年中国中央财政支出与地方财政支出对比变化情况

资料来源：Wind。

1994 年我国实施分税制改革，土地财政日益成为地方政府的“第二财政”，在地方城市建设中发挥着举足轻重的作用。2006 年，国务院办公厅下发《关于规范国有土地使用权出让收支管理的通知》，规定自 2007 年 1 月 1 日起，土地出让收支全额纳入地方基金预算，实行“收支两条线”管理。分税制改革是中央政府财政形势持续恶化倒逼的结果，初始目的是为了强化中央政府的税收汲取能力，但客观上为地方经济的繁荣与发展创造了制度空间。

城市政府预算内主体税源主要包括营业税、增值税、企业所得税和房地产税。1994 年以后，增值税的 75% 由中央分享；2003 年以后，企业所得税的 60% 由中央分享。1994 年分税制改革后，随着增值税及企业所得税对地方财政的贡献日益减弱，地方政府藏富于企业的动力不复存在。与此同时，主要来自建筑业和第三产业的营业税对地方财政收入的贡献不断增加，土地出让金作为预算外资金在地方财政中的地位也日益凸显，地方政府开始从“经营企业”向“经营城市”转变，并逐渐发展出“以地生财”的土地财政模式。2003 年开始中国房地产进入“黄金十年”的快速发展期，这不仅是国家产业

政策引导的结果，税制的改变重塑了地方政府的行为模式也是推动中国房地产快速发展的重要原因之一。

周黎安（2007）将中国地方政府的这种行为模式称之为“官员晋升锦标赛”模式，在这种解释框架下，为了晋升，处于行政金字塔基层中的地方政府官员围绕 GDP 增长展开竞争，推动了中国经济增长。陶然等（2009）则认为这是中国地方政府为了在分税制制度条件下争夺税基而展开的“竞次”（Race to Bottom）式竞争，分税制改革使得中央财政“拿走”了制造业带来的财政收入中 75% 的增值税和 50% 的企业所得税，为了争夺有限的剩余税源，地方政府不得不通过压低工业用地出让价格、放松环保要求和劳动管制等方式吸引投资。对驱动机制的理解虽然有很大分歧，无论“晋升锦标赛”模式还是“竞次竞争”模式，都以地方政府在国民经济领域展开的激烈竞争为前提。

对房地产业而言，地方政府间的竞争带来三个显著效应：一是地方政府通过招拍挂高价出让商住用地，获取土地出让金；二是地方政府通过低价出让工业用地，吸引制造业企业入驻；三是地方政府通过招商引资，吸引外资流入，外资流向比例占第一位的是制造业，房地产业次之。

土地财政是指地方政府利用土地一级市场垄断权，以地生财获取的相关收益，包括土地出让金、各项土地税费收入以及土地抵押债务收入等。因为掌握了土地这一重要的生产要素，地方政府得以通过低价征地进行土地储备，然后通过非饱和供地操盘土地供应市场。据郑思齐等（2011）的研究，居住用地供给不足在很大程度上是地方政府行为作用的结果，地方政府行为从土地市场向住宅市场传导的效果不显著，越是依赖土地财政以及低价出让工业用地招商引资力度越大的城市，居住用地价格上涨的压力越大。王斌等（2011）通过使用中国省际面板数据进行实证分析后发现，土地财政和官员晋升对房价的影响作用有限，中国房价主要由货币供应、居民收入等经济因素所决定。

周飞舟（2006）认为中国地方政府以土地财政为代表的预算内、预算外

“二元财政”结构格局是分税制改革的意外后果。骆祖春等（2011）认为土地财政是高房价的结果，不是高房价的成因。1994 年分税制开始实施，但直到 1998 年中国实行城镇住房制度改革以后土地财政现象才开始进入研究者视线。土地财政并非地方政府有意设计的结果，如果没有住房制度改革以后房价的飞涨，就不会出现商住用地出让价格的飙升，也就不会有所谓土地财政的说法。土地财政是地方政府在国有土地制度、1998 年后房价持续上涨以及地方政府因“对上负责”而横向竞争等约束条件下的理性选择。作为理性的经济人和政治人，地方政府通过土地财政促进辖区经济增长，并力求在上级政府的绩效考核中胜出。

分税制还带来一个意外后果是地方政府对制造业的倾力支持。从晋升锦标赛的角度，制造业能为地方政府带来 GDP 增长和社会就业，因此各地方政府都很重视招商引资，设立了专门机构负责相关工作（早期叫招商局，后来随着开发区热逐步降温，改称经济合作局），并逐年下达任务指标。从“竞次式”竞争的角度来看，经过 1994 年分税制上收财权的税收集权改革，地方政府已不能像之前那样通过将本地国有企业及乡镇企业收入转移到地方的预算外来留存税收，预算内留存当地的税收主要限于营业税、地方参与分成的增值税和企业所得税，这使预算外的土地财政随着 1998 年住房制度改革而大行其道。

陶然等（2009）运用 1999～2003 年的中国地级市面板数据进行实证分析，发现地方政府以协议方式向制造业投资者低价出让工业用地虽然有损其当期财政收入，但能创造出稳定的未来收入流，包括增值税、制造业对服务业外溢带来的营业税以及由此而抬高的商住用地出让金。协议低价出让工业用地与拍卖高价出让商住用地给地方政府带来的财政回报存在时间上的差异，这使得地方政府能够根据本地财政状况进行权衡并在长时段内实现财政收益最大化。由于中国还没有系统开征保有期间的房地产税，地方政府只能一次性获取高额的土地出让金，不能从房地产中获得持续的稳定收入，这带

来了两个后果：一是地方政府过于依赖一次性土地财政，通过非饱和供地实现土地收益最大化；二是地方政府为招商引资不惜低价出让工业用地，以此换取未来的财政收入，以弥补因房地产税缺位带来的常规财政收入的不足。

地方政府虽然因其一次性土地财政行为而广受社会诟病，但土地出让收入中实际包含了因征地拆迁带来的对拆迁户的补偿性成本以及地方政府因实施土地一级开发所需支付的开发性成本，使得土地出让收入并不能完全由地方政府支配。2007 年开始，中国政府对土地出让收入实行全额“收支两条线”管理，只有扣除各项成本之后的土地出让收益才是地方政府的可用财力。随着各项拆迁成本的逐年上升，地方政府实际可支配的土地收益不断缩减。据财政部披露数据，2015 年，全国缴入国库的土地出让收入为 33657.73 亿元，土地出让支出为 33727.78 亿元，其中用于征地拆迁补偿、补助被征地农民、土地出让前期开发等成本性支出为 26844.59 亿元，占支出总额的 79.6%；土地出让支出的剩余部分 6883.19 亿元为非成本性支出，主要用于城市建设、农业农村、保障性安居工程等方面。

2015 年全国土地出让收入为 33657.73 亿元，其中补偿性成本与开发性成本合计为 26844.59 亿元，地方政府出让土地的净收益仅为整个土地出让收入的 20%。同时这部分土地净收益也没有被地方政府挪作他用，而是用于基础设施、安居工程等城乡建设领域。2016 年，地方政府国有土地使用权出让收入 37456.63 亿元，相关支出则达到 38405.84 亿元，土地出让金有明确的使用用途，地方政府无法对其进行自由支配。

在关注土地财政的同时，社会公众更应关注地方政府对制造业的倾力支持，地方政府的这一行为动机深刻，影响深远。

土地财政解决的是城市的面子问题，地方政府官员有效利用土地财政这一工具，能够改善和提升城市形象及营商环境，同时也能扩大政治影响，给上级主管部门留下积极进取的良好印象，为日后个人的升迁创造条件。招商引资解决的是城市的里子问题，面子再漂亮不能过日子，制造业进驻给地方政府带来稳定的财政税收，既能拉动 GDP，又能让城市政府过上好日子。土地财政通过改进基础设施建设影响房价，低价出让工业用地通过制造业出口创汇扩大货币投放影响房价。

制造业在工厂选址上存在多种可能性，使得地方政府围绕制造业的招商引资竞争异常激烈。陶然等（2009）比较早的指出中国制造业部门的重要特点是缺乏区位异质性（Location Non-specificity），尤其早期那些因具有比较优势而倾销全球的中低端制造业企业，他们不限于为本地消费者进行生产，而是生产可贸易品（Tradable Goods）销往其他国家和地区。这些制造业企业对生产成本特别敏感，有强烈的意愿因应成本的变化而调整生产区位。在全国乃至全球争夺制造业的激烈竞争下，面对制造业部门生产投资的高流动性，地方政府不得不提供包括土地、基础设施以及税收减免、降低环保要求和劳动管制等在内的特惠政策礼包，为了日后的持续收入，接受短期财政上的损失。

在土地供应上，地方政府对制造业的支持力度要大于对房地产业。数据表明，2008 年以来，工业用地的累计供应面积是住宅用地的 2 倍。据国土资源部《2016 中国国土资源公报》，2015 年国有建设用地供应 51.80 万公顷（777.00 万亩），其中工矿仓储用地为 12.08 万公顷，占 23.3%，住宅用地为 7.29 万公顷，占 14.1%（见图 3-19）。在土地出让价格上，2016 年第四季度末，全国 105 个主要监测城市住宅地价为 5918 元 / 平方米，工业地价为 782 元 / 平方米，前者为后者的 7.6 倍。

由图 3-20 可以看出，自 2008 年以来，工业用地成交楼面均价基本保持稳定，一般为 300 元 / 平方米的均值，在上下 50 元 / 平方米的幅度内波动，但同期住宅用地的成交楼面均价从最低 944.6 元 / 平方米涨到 6061.9 元 / 平方米，增长了 5.4 倍。与住宅用地相同，工业用地出让同样要经过土地整理，由于工业用地对基础设施的要求更高，如此低的出让价格，如果刨除“七通一平”或“五通一平”的成本，基本上是低地价乃至零地价。

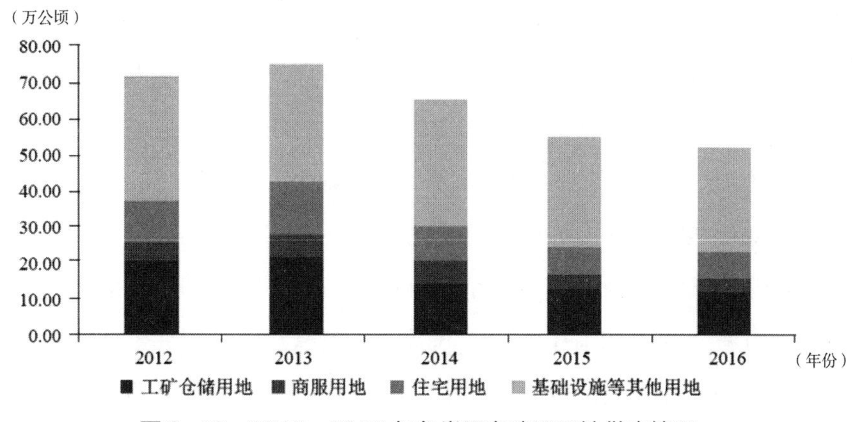

图 3-19　2012～2016 年各类国有建设用地供应情况

资料来源：国土资源部。

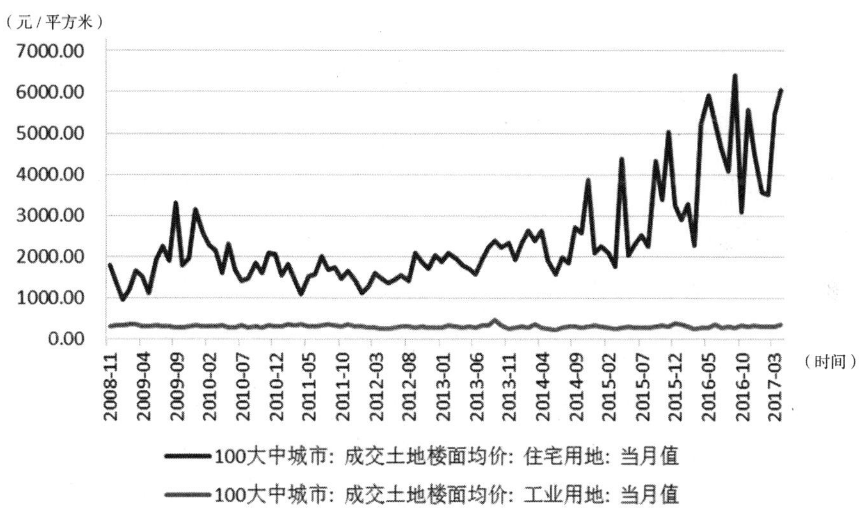

图 3-20　2008 年以来中国 100 大中城市住宅用地与工业用地成交楼面均价变化情况

资料来源：Wind。

地方政府如此不计成本地招商引资，带来了三个显著后果：一是全国各地区产业布局趋同；二是城市建成区容积率偏低；三是中国制造在国际竞争中拥有明显的成本优势。

周黎安（2004）通过建立地方官员政治晋升的博弈模型，分析晋升激励对地方官员开展区域经济合作与竞争的影响，认为由于晋升机会有限，在政治晋升博弈中地方官员的最优反应是实施地方保护主义，采取“大而全”的区域发展战略。由于首要的考虑是经济排名上的相对位次，地方官员不惜主导在某些产业领域过度投资，甚至展开恶性竞争。张晔等（2005）改变了地方官员的效用函数，在个人政治晋升之外，还考虑了辖区财政收益。他们通过基于古诺—纳什均衡的博弈模型分析后认为，中国地区产业结构趋同的根源在于地方官员相对业绩比较的晋升激励机制以及担心落后于其他地区的风险规避态度，在实际报酬结构与风险规避偏好下，地方官员的这一行为是符合博弈均衡的理性选择。

房地产税的缺失使得地方政府不得不通过发展工商业获得经常性收入，由于制造业的发展能同时带动第三产业的发展，地方政府在全国范围内以低价出让工业用地的方式展开面向缺乏区位异质性的制造业的招商引资竞争，使我国经济呈现出区域产业趋同的明显特征，无法发挥地区间的比较优势，形成现代工业城市的专业化分工格局。地方政府层面的重复建设大量出现，使得国家层面的产业政策规划难以有效落实。

由于大量的土地被提供给制造业部门投资建厂，使得我国的城市建成区容积率相比发达国家的中心城市的容积率偏低。据高善文（2017）统计，在世界范围内，作为可比城市，北京和天津住宅用地占建设用地的比例为27%，仅相当于伦敦和首尔的1/3；海湾型城市因条件所限，这一比例会略低一些，但深圳26%的用地占比也要比日本三大都市圈和纽约的用地占比低近一倍（见图3-21）。整体而言，中国大城市居住用地与建设用地之比仅相当于国际可比水平的1/2或者1/3，而作为大陆土地招拍挂制度学习样板的国际大都市的我国香港地区，这一比例更低，仅为18%。

上海的情况很有代表性，据胡伟俊（2017）统计，上海的城区面积为6300平方公里，其中城市建设用地面积占比约1/2，耕地面积在1800平方公里左右。在建设用地中，工业用地占比近30%，而发达国家中心城市这一比

例一般不超过 8%，同为实行土地公有制的我国香港地区，这一比例也仅为 10%。2015 年，上海住宅类土地成交面积不足 7 平方公里，平均容积率仅有 1.8，而国际一线城市这一指标可以达到 5 ~ 10 的水平。

周黎安（2017）运用 2000 ~ 2012 年我国 202 个地级市的土地交易数据实证分析后发现，城市的人口增长率与所在地块离城市 CBD 的距离呈正相关关系；与城市容积率呈负相关关系；人口增长越快的城市，越倾向于向城市外围扩展，城市容积率越低。晋升激励更高的年轻官员倾向于让城市“向外扩张”，晋升激励偏低的年长官员则倾向于让城市“向上发展”。在制度激励下，地方官员之前热衷于建设工业园区，如今则钟情于开发特色小镇，这使得中国的城市建成区密度很低，城市政府对制造业的青睐以及对建筑容积率的规划控制导致占地广阔的工业园区与低容积率的住宅区并存，再加上 18 亿亩耕地红线的存在，形成具有中国特色的城市空间结构。

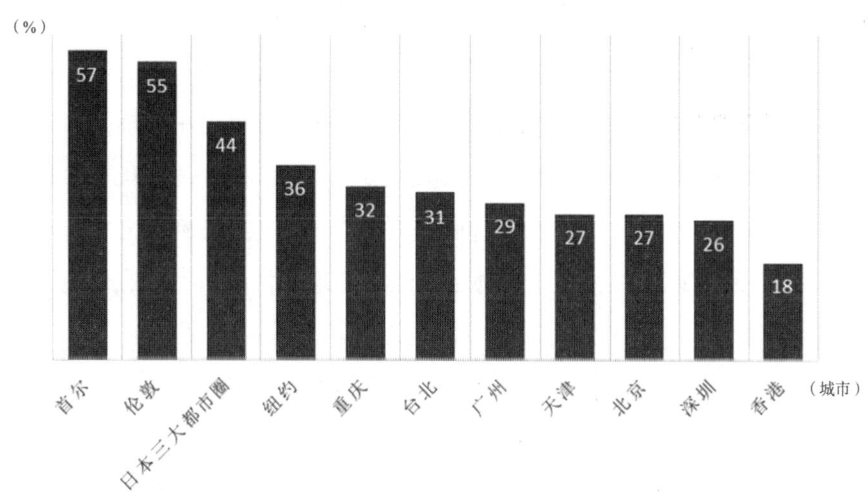

图 3-21 世界各大城市居住用地占建设用地比重

资料来源：安信证券。

产业布局趋同与城市建成区密度偏低是一个凭肉眼可以观察到的现象，地方政府行为中，易于被大家所忽视的一个重要后果是，由此所带来的对中国制造业的大力支持，这同样不是地方政府有意设计的结果，但它却对中国经济带来深远的影响。为在招商引资的激烈竞争中获胜，地方政府以低廉的土地价格补贴工业，使我国的制造业在全球竞争中获得了超常的竞争力。在地方政府获取预算外资金的同时，中央政府的税收也获得超速增长，在财政税收上中央政府与地方政府同时获得帕累托改善。中国制造业倾销全球，除了人口红利带来的低廉劳动成本，中国地方政府为抢夺制造业投资拼命压低工业用地价格，也是重要因素之一。

中国制造业的大发展催生了一支规模庞大的产业工人队伍，在房价不断上涨的长周期中，制造业成本会不会受居住成本的影响而发生变化成了一个有趣的问题。范剑勇等（2015）研究认为，流动人口的居住选择主要为厂商集体宿舍、城中村和群租房这三类“非普通商品房”，作为一种降低劳动力成本的城镇化机制，推动了中国工业化的起飞与出口的发展。工业用地占比与常住人口规模、流动人口比例呈正相关关系，工业用地占比越大的城市，往往常住人口规模越大，流动人口也越多。

虽然 2011 年住建部颁发的《城市用地分类与规划建设用地标准》规定，工业用地在城市建设用地中的占比不超过 30%，地方政府还是有很大的动力去突破这一限制，扩张工业用地。同时，住建部对住宅用地占比要求限制在 25%～40%，地方政府往往会自觉地控制住宅用地的供应，完不成供地计划的情况反而会更多一些。

如果说国外的城市化与服务业的发展同步，中国的城市化进程则呈现出一幅完全不同的景象。在分税制与官员晋升的制度激励下，地方政府不但偏好通过高价拍卖住宅用地获取高额的土地出让金，而且有很大的动力通过低价协议出让工业用地吸引制造业入驻。房地产市场的持续繁荣需要人口的不断流入，而制造业的大发展则为此创造了条件。大量工业用地的廉价出让使得厂商能够以比较低的成本为产业工人提供集体宿舍，由于在土地产权上“有

意的制度模糊”①，城中村的存在也在一定程度上为降低制造业成本做出了贡献。这种在制造业上的隐性补贴推动中国制造倾销全球出口创汇，参与国际经济大循环。从这个意义上来说，工业化推动了中国的城镇化发展，而随着中国制造的成本优势难以持续保持，我国城镇化的动力也在不断衰减。城镇化进程与工业化进程同步，也为城市环境带来一定的负面影响。

在区位上，与一二线城市相比，三四线城市竞争制造业投资不占优势，这使得三四线城市会更倾向于采取“竞次式”（Race to the Bottom）竞争的方式。一般而言，三四线城市的规划约束条件要弱于一二线城市，这使得三四线城市不仅在产业园区建设上更容易一哄而上，在房地产开发上也会过度供给。2016 年的“去库存”本来针对的是三四线城市的房地产库存问题，却带来了一场全国范围内的房地产市场新高潮。

陈钊和陆铭（2014）研究认为，一个国家的总人口规模决定该国首位城市的人口规模。对世界 142 个国家（经济体）的分析发现，国家总人口规模（对数值）可以解释该国首位城市人口规模（对数值）的 84.64%，国家总人口规模增加 1%，会带来首位城市人口规模增长 0.76%。陆铭（2016）出版的专著《大国大城》系统阐述了中国发展大城市的重要性，他认为中国经济的症结在于资源的空间错配，而房价高企的原因则在于土地资源错配。人口流入的大城市土地供给不足，人口流出的欠发达城市土地供给过度。

陆铭的观察有一定道理，但他显然忽视了中国的城市化本质上是全球化背景下工业化拉动的结果，这使得中国的城市常住人口由稳定的户籍人口与流动的产业人口两部分组成。产业人口易于迁徙，随着中国工业化进程速度放缓，中国的城镇化进程也会相应放缓。据国家统计局统计，2015 年中国城

① 我国的城市土地归国家所有，农村土地归集体所有，而林地和草原有的归国家所有，有的归集体所有，土地产权结构复杂，所有权主体“虚位”，何・皮特（2008）将其称之为“有意的制度模糊”，政府有意不对土地所有权做出明确的法律定义。“有意的制度模糊”体现了政府和习惯法之间的较量。一方面，这种制度的模糊性造成了土地权属的混乱，另一方面，它也给予政府一定的自由度，使得他们可以在适当的时候灵活变通，并为政府主导中国的转型发展提供相机抉择的操作空间。

镇有77116万人口，其中流动人口占了2.47亿。同时，中国大城市房价上涨是由于供给不足还是投机性购房所造成仍有待商榷，在房地产税缺位的市场环境下，房地产已由消费品蜕变为投资品，带有金融属性。房地产市场供应再大，也将远远落后于投资需求的高涨。

土地除了作为预算外资金的收入来源以及招商引资的政策工具，对于地方政府而言，还是政府融资的抵押品，地方政府以地融资，债务规模不断扩大。2012年11月至2013年2月，审计署对15个省、3个直辖市本级及其所属的15个省会城市本级、3个市辖区共36个地方政府本级2011年以来的政府性债务情况进行了审计，并于2013年6月10日对审计结果进行了公告。公告显示，截至2012年底，36个地方政府本级政府性债务余额为38475.81亿元（政府负有偿还责任的债务18437.10亿元，负有担保责任的债务9079.02亿元，其他相关债务10959.69亿元），比2010年增加了4409.81亿元，增长了12.94%。融资平台公司、地方政府部门和机构是主要的举借主体，举借占比分别为45.67%和25.37%。从债务来源看，银行贷款和发行债券是债务资金的主要来源，分别占78.07%和12.06%。债务资金主要投向交通运输、市政建设、土地收储以及保障性住房。地方政府债务用政府信用作担保，用国有土地作抵押，不受公共预算约束与监督，债务风险敞口不断扩大。

三、房地产税制制度红利

房地产税制制度红利是房地产税缺位、有效制度供给不足所带来的制度红利。西方国家普遍在房地产保有阶段开征房地产税，我们虽然喜欢把“与国际接轨”挂在嘴边，但在房地产税开征这个问题上，往往持抵制态度。业界如此还可以理解，由于政府和高校仍实行福利分房制度，作为社会公平正义的“代言人”，政府官员和大学教授同样反对房地产税开征，这使得中国社会在房地产税开征上很难达成共识，实际推进阻力重重。

房地产税有很多正面效应，如可以促成地方政府与辖区选民利益兼容，减

少政府官员的短期行为，实现为人民服务的政治目标；房地产税有利于房地产市场从资本投资市场回归居住消费市场，与作为资本所得税的房地产税相比，作为消费税的房地产税有利于经济内生增长。房地产税缺位的房地产税制助长了房地产市场中的投机行为，是推动中国房地产价格上涨的内生机制。

区别于普通商品，房地产兼有消费品、投资品双重属性，既是实物资产，又是虚拟资产。房地产的虚拟性主要体现为土地资产的虚拟性，与金融资产相同，土地采用资本化定价方式，通过对未来收益的折现确定价格。房屋的定价方式则与普通商品相同，是按照生产成本进行定价的，因此房地产的价格主要反映的是土地的价格。

西方教科书将房地产市场区分为物业市场和资产市场，物业市场中的房地产用于自住，资产市场中的房地产用于投资。物业市场和资产市场并不是两个完全独立的市场，而是用于描述同一个房地产市场的两个“理想类型”。因房地产区域性、耐久性、异质性、资金密集性、供给缺乏弹性等特征，房地产市场容易形成寡头垄断，尤其在房地产税缺位的情况下，会自发地从物业市场演化为资产市场。

在不考虑房地产市场的投机程度及房地产税的财政支出效应的情况下，因房地产税能够资本化到房价当中，开征房地产税能够降低房价。在一个房地产既是消费品又是资本品的市场中，房地产税开征有利于挤压房地产泡沫，降低房地产的资本品成分。开征房地产税有利于房地产市场从资本品市场回归消费品市场，在这个过程中，房地产税的消费税成分会逐渐提高，资本所得税（利润税）成分则会不断降低。

房地产税开征降低房价有其成立的前提，首先是不考虑房地产市场的投机程度，实际上房地产税开征所处的市场环境不同，对房价的影响也不同。在房地产消费品市场中，开征房地产税会降低房价，在房地产资本品市场中，情况要复杂一些。一方面开征房地产税本身是政府向市场传递的一个信号，即政府有意控制房价，如果这个信号是坚定的，将降低投资者的市场预期，有利于降低房价。[①] 另一方面，如果税率低于房地产投资收益率，在需求旺盛到房地产投资可以不计成本，房地产泡沫持续放大的市场环境下，房地产税可以转嫁，反而进一步推高了房价。在房地产资本品市场中，开征房地产税是降低还是推高房价，要看上述两方面力量的对比。

其次是不考虑房地产税的财政支出效应。房地产税资本化能降低房地产价值，同时，政府将房地产税用于地方基础设施建设以及公立教育，房地产税能够以财政支出的形式资本化到房地产价值中，起到推高房价的作用。考虑房地产税的财政支出效应，房地产税是降低还是推高房价，还要看房地产税资本化的负效应与房地产税财政支出资本化的正效应二者之间的力量对比。一般而言，在房地产税试点之初，或者税率偏低，或者税收覆盖面偏窄，房地产税整体规模不大，通过财政支出推高房价的作用也有限。同时刚开始将房地产税用作提供地方公共服务，房地产税财政支出资本化正效应的显现会出现一定的时滞。在这种情况下，短期内房地产税对房地产价格的影响效果主要取决于外生条件，即房地产税开征时所处的外部市场环境。

由此房产税试点对沪渝两地房价的差异影响将不难理解。多年来我国将房地产业作为支柱产业进行扶持，但是由于房地产税缺位，投机现象普遍，房地产市场成为消费品与资本品的混合市场。多数城市房地产价格不断偏离其基本价值，房地产的资本品成分不断增加。在这种环境下开征房产税，由于税率偏低（上海的基准税率为0.4%），税收的覆盖面偏窄，房产税开征根本不足以打击市场的投资热情，因税负转嫁反而推高了房价。房产税推高房价的影响会出现逐年递减的趋势，是因为房产税本身传递的信号以及政府限购等相关政策所释放的信号改变了投资者对市场的预期，房地产的投资需求持续得到抑制。多年来重庆采取“低端有保障、中端有市场、高端有遏制”的差别化房地产调控政策，房地产市场更接近消费品市场，在这种情况下房

① 如果这个信号是不明确的或不可置信的，效果将适得其反，反而给投机者的反向操作创造了空间。

产税会因资本化入房价中而降低房价。

有些人寄希望于通过开征房地产税降低房价，这种想法是否有效值得商榷。易纲等（2007）认为，从供给和需求分析的角度来看，无论对于房产还是地产，其供给曲线基本上是垂直的，因此房价或地价由需求曲线的位置决定。开征房地产税以后，业主每年要额外缴纳一定的税收，使得需求曲线下降。因此，开征房地产税将使房价及地价下降。满燕云（2011）认为，从资本总量分析的角度，对房地产征税相当于对资本征税。如果在全国范围内征收房地产税，资本的净利润是下降的，如果净利润下降，其他一切不变，即如果市场是完全竞争市场，房地产价格应该也是下降的。无论供给需求的分析，还是资本总量的分析，房地产价格下降的前提均为市场有效，税负无法转嫁，但实际上在需求旺盛的情况下，特别是在预期房地产价格不断上涨的情况下，所有的成本包括税收都可以转嫁出去，从而将房价和地价推向更高。只要对房地产价格有较高的上涨预期，房地产税并不能有效抑制投机和炒作。以美国为例，美国各州财产税实际税率差别较大，从 0.65%～3% 不等，陈杰（2010）的研究表明，美国各州房价的历史涨幅与财产税并没有直接的线性关系。

没有地方政府希望当地的房价和地价下降，地方政府要想获得更多的房地产税，只能寄希望于房地产价格上涨。当“土地财政”以土地出让金为主体时，地方政府倾向于控制土地供给，推动房价上涨以带动地价上涨；当“土地财政”以房地产税为主体时，在税收最大化的利益驱动下，地方政府会致力于提供良好的公共服务，以提高辖区内房地产的市场价值扩大税基。房地产税开征改变的只是对地方政府税收行为的约束机制，并不能改变地方政府对税收最大化的利益追求。胡洪曙（2007）研究表明，基于财产税的受益税性质，财产税的资本化和房地产价值负相关，地方公共支出和房地产价值正相关。房地产价值到底是升高还是降低，取决于正、负两方面哪方面的作用更大一些，不能一概而论。

房地产税能否降低房价，要根据具体问题具体分析。对于房地产市场，开征房地产税的意义不在于能否降低房价，而在于房地产税缺位的市场是一个不完美的市场。房地产税通过对房地产市场的“去虚拟化”，能够在一定程度上消除房地产行业的市场失灵。

与普通商品相比，房地产具有一些特殊属性，使其难以满足完全竞争市场的基本条件，主要包括：①供给与需求的区域性明显，行业资金密集度高，供给方在区域内形成寡头垄断，产品缺乏供给弹性和替代弹性；②区位的固定性和产品的异质性，导致交易信息不对称，需要通过经纪人一类的特殊制度安排降低信息成本，不满足完全竞争市场的信息充分性假设；③耐久性，土地是不需要计提折旧的资产，房地产的耐久性使其成为适于投资的对象。

周京奎（2005）对中国 14 个城市住宅价格的历史数据进行了实证分析，发现其价格极大地偏离了长期均衡值。郑思齐（2007）选取北京、上海、广州和深圳四个城市住房租金与售价指数的季度数据进行市场有效性研究，发现这几个城市并不满足弱有效性要求，其信息不完备程度明显高于参考城市加拿大的温哥华。王阿忠（2007）认为中国的住宅市场是个不完全竞争市场，存在广泛的市场失灵。由于市场失灵阻碍资源自由流动和降低生产效率，市场价格机制无法有效地自动调节社会资源合理配置，价格不能真实反映市场的供求关系，形成“价格失效”的局面。

土地资源的稀缺性，决定了房地产的供给是有限的。一方面作为安家立业的必需品，房地产的自住需求是刚性的；另一方面作为具有金融属性的投资品，房地产的投资需求是无限的。市场失灵下的价格不能反映“应然”的市场供求关系，但却能够反映“实然”的市场供求关系。当房地产被作为投资品进行市场操作时，在有限的供给和无限的投资需求以及固定的刚性需求作用的叠加下，房地产市场成了只能做多的金融市场，其价格的上升具有自我实现（Self- Fulfillment）的特征。但长期偏离基本价值的房地产市场是不可持续的。

住宅资产价格既决定于住宅的资产收益（出租收益），也决定于住宅的预期增值（出售收益），对住宅未来价格的预期会影响其现期价格。房地产税既能改变住宅资产的收益流量，也能改变投资者的价格预期，开征房地产税能够实现对房地产市场的“去虚拟化”。从长远来看，房地产税体系应成为房地产市场的长效调节机制，使税收能够真正发挥其经济稳定器的作用。

我国针对房地产市场的宏观调控是为纠正市场失灵而采取的政府行政手段，由于各部委之间的利益冲突以及缺乏协同一致、目标明确且具有连续性的政策设计，长达十年之久的宏观调控虽然阶段性地抑制了房价的过快上涨，但政策设计的有效性却是不理想的，因此最后不得不采取限购这种反市场的方式。纠正市场失灵，需要科学有效的机制设计，房地产税是必选项。房地产市场是一个天然不完美的市场，公共政策的制定应着眼于“去虚拟化”，使房地产市场从资本品市场回归消费品市场。房地产税税率偏低不能有效抑制房地产市场投机，而税率偏高则不利于经济增长，没有房地产税，房地产市场会内生演化出自我实现的房地产投机。单靠房地产税不能保证房地产市场有效，但房地产税缺位的房地产市场必然趋于失效。

在市场充分发育（完全自由竞争）的条件下房价决定地价。开征房地产税，就是要创造房价决定地价的完全竞争的市场环境，这样即使地方政府垄断土地一级市场，其能够获得的也只是市场平均利润，市场机制对包括地方政府、土地使用者在内的市场主体均能发挥基础性作用。反之，地价决定房价的房地产市场环境肯定是不均衡的，也是非完全竞争的。

王智波（2008）认为，由于税基评估的滞后效应，物业税是“追涨杀跌”的泡沫放大器，不会成为房地产市场的自动稳定器。在需求旺盛、房地产泡沫持续放大的市场环境下，所得税、土地增值税、房地产税都可以转嫁。由于房地产供给弹性小，房地产的市场价值主要决定于需求，房地产税提高了保有成本，可以抑制房地产投资需求，但当需求旺盛到房地产投资可以不计成本，房地产税不但不能抑制需求，反而会通过“追涨”进一步推高价格。

尽管有这样的缺陷，房地产税仍须开征，房地产税缺位使房地产投机零成本，只会助长市场投机，加剧经济波动。中国香港和日本在房地产泡沫出现之前都开征了房地产税，但中国香港的差饷实际税率只有 0.2%～0.3%（陈杰，2010），1980～2003 年，日本固定资产税实际税率只有 0.11%～0.37%（森信茂树，2006），与西方国家 1%～3% 的税率相比明显偏低。

在自由市场经济中供给与需求之所以能形成均衡，是因为供给方出于对利润的追求，可以应市增加或减少生产；对需求方而言，存在边际效用递减。在不动产保有税缺位的情况下，市场经济中边际效用递减原则失效，因为买房越多、供给越紧张、房价越高。边际效用不但没有递减，反而因拉升了之前所购物业的价值而递增。在这种情况下，房地产成为金融资产，房地产市场成为允许地方政府、房地产商、金融机构、投机者囤积、炒作、内部交易且缺乏有效监管的不规范的金融市场。房地产市场成为金融市场的延伸，并且有效逃避了金融市场的监管。西方国家通过征收不动产保有税（甚至采取超额累进税率），降低持有不动产的边际收益。可以预期的是，在不动产的边际收益率不高于社会平均投资收益率（银行普通利息率）的情况下，不动产投机将得到有效抑制。西方国家还通过租住同权，保护租房者的利益，并提供相对公平的教育资源，避免目前国内的“学区房”现象的出现，进一步降低不动产的金融资产属性。

房地产税的开征要选择好时机，如果像日本那样在泡沫即将见顶才考虑开征则为时已晚，只能加速泡沫的破裂。

我国当前不动产税制的问题在于，因为土地资源是有限的，以土地出让金来为地方政府提供公共服务融资不可持续，不动产保有税缺位的制度鼓励了投资者的投资购房需求，恶化了房地产市场的供需关系。同时地方政府对上负责的行政体制安排使得短期行为盛行，地方政府在土地财政问题上普遍奉行机会主义。房价上涨有利于开发商、投资者，有利于地方政府出让土地、商业银行提供开发及按揭贷款。作为高关联度产业，房地产业繁荣使得

大量上、下游产业受益，而买不起房的往往是社会的弱势群体。不动产保有税缺位下的中国房地产市场价格上涨具有自我实现的特征，如果没有中央政府的宏观调控政策介入，泡沫会不断膨胀，直至最终破裂。好的不动产税制设计不应该只着眼于让房价下降，如果能够控制住房价上涨趋势中的投资性购房需求，消除房价上涨因素中不正常预期的影响，我们就可以认为税制是成功的。

价格上涨自我实现表明中国房地产市场是存在问题的，只能通过外力（宏观调控）来进行干预。如果房地产市场价格上涨是由外部因素推动（如城市化、货币超发导致通货膨胀等），而非内生于市场之中，这样的价格上涨是可以接受的；如果房地产价格上涨内生于市场结构之中，这样的价格上涨肯定不可持续，这样的市场结构肯定存在问题。这就需要分析问题是出在供给方（如是否由政府垄断土地一级市场造成），还是需求方（如是否由投资预期引起需求过度造成）。解决供给问题，可以通过赋予农村集体土地以长期使用权，从而可以在符合城乡规划的情况下进入市场流转来加以改善，如此则一级土地市场出现两个供应主体：农村集体与城市政府，形成土地供给的多元化；解决需求问题，可以通过引入房地产保有税，增加持有成本，消除房价只涨不跌的非理性预期。这里的前提假定建立在这样一种市场理论的基础之上，即对于正常的市场，供需是内在均衡的，一个正常的市场通过供给与需求的双向运动能够实现市场出清。如果一个市场的供需是内在不均衡的，总是处于供不应求的状态（即处于市场失灵的状态），这样的市场肯定是不正常的。同时包括土地在内的自然资源是人类的共有资源，因其公共属性，往往被经济个体过度使用而造成“公地悲剧”（Tragedy of the Commons）。就代际而言，当代人先于后代人使用自然资源，当代人过度使用自然资源会对后代人产生代际外部性，导致资源代际配置上的市场失灵。

因此，中国开征房地产税不仅是为了优化地方财政税收结构，规范地方公共财政体系，对于减除房地产行业中的市场失灵和建立有效的房地产市场体系同样具有重要意义。开征房地产税，本意不是为了降低房价，而是为了构建一个合理的房价形成机制，消除房地产市场失灵问题。解决房地产市场失灵要从完善市场机制出发，而不是通过限购、限贷、限价、限售，以政府的行政命令来取代市场的自动配置。开征房地产税有利于房地产市场从资本品市场回归消费品市场，没有房地产税，房地产市场会自发演化出自我实现的房地产投机。单靠房地产税不能保证房地产市场有效，但房地产税缺位的房地产市场必然单边上涨，如果政府不及时进行房地产宏观调控，房地产市场将越来越偏离经济基本面并趋于失效。

房地产税缺位导致财富过度集中。《2013 胡润财富报告》显示，全国有 105 万个千万富豪，其中 15% 是靠炒房发家。据黄树辉（2012）报道，深圳岗厦村改造一夜之间“成就了”近 10 个亿万富翁及 20 多个资产过亿的家庭。大冲村改造“成就了”10 个亿万元户和 400 户资产过千万的富翁家庭。如果说新中国成立前土地改革是通过残酷的阶级斗争展开，新中国成立后的土地改革则是悄无声息的。1982 年城市土地收归国有，1988 年城市土地使用权可以依法转让，都是通过修改宪法的方式完成，没有造成明显的社会冲击。由于在中国持有房地产不需要额外支付成本，通过炒房以及拆迁补偿，一批新型地主正在悄然形成。名义上虽然土地所有权归国家所有，但房地产税的缺位使得巨额土地增值收益被投机者无偿占有，严重侵害了社会公正。

历史总是在循环往复，一代人有一代人的观念，正统的思想也很难继承下来。以前的社会讲溢价归公，为了均分田地相互斗争；现在的社会陶醉于房地产泡沫带来的财富幻觉，将房地产作为致富的政策工具。著名经济学家厉以宁 2009 年在《新华商》杂志发表的题为《通胀与股市》的署名文章中有这样一段论述：“房价是应该上涨的，涨到尽量的高度，银行的按揭要压下来，特别是二套房坚决不允许按揭，不让银行产生过多不良资产就行，目的主要是让有钱的人尽量多买房子，当他们把钱花得差不多的时候，房产税一定要开征再彻底把房价压下来这样才能让大家都住得好。”文章本来谈的是股

市，而且通篇都在呼吁股市应该回归价值投资的轨道，可是中间却插入“神来之笔”讨论房地产，以股市坐庄的思路唱多楼市，主张房价应上涨到尽量的高度。难以想象这样的言论出自著名经济学家之口，不明真相的群众如果误以为这是国家制定房地产政策的一贯方针，那就真的要如厉以宁文中所说：“如果这个时候还不回到价值投资的轨道，还是这样的发行方式我们就可以对改革质疑了，同时也可以对管理者是否忠于民族也要质疑了。”

第五节 全球化红利

中国始于 1979 年的改革开放是在全球化的大背景下展开的。1971 年，尼克松政府宣布终止“新经济政策”，不再履行外国政府或中央银行可用美元向美国兑换黄金的义务，布雷顿森林体系名存实亡。随着凯恩斯主义的失效和新自由主义的兴起，世界经济逐渐由以国家控制为主向跨国公司控制演化，全球化的浪潮迅速蔓延。

在全球范围内配置资源，而不是单纯地抢夺全球市场，是全球化能够发展起来的内在驱动力。20 世纪 80 年代，以英美两国为代表的西方发达国家，其主要产业由工业向服务业转型升级，新自由主义经济思想得到推行，经济的金融化程度不断加深，在现代经济中金融逐渐开始发挥核心作用。全球化时代的金融业不仅服务于实体经济，还衍生出各种虚拟金融产品，随着规模的不断扩大，需要在一国之外更大的范围内分散风险。全球化本质上是一个经济金融化、去工业化的过程，与世界经济的这一发展动向相伴随，商业呈现出跨国公司化的特征。

全球化实现了在全球范围内配置资源。金融自由化使得资本在全球流动寻找投资机会，跨国公司扩张促成新型国际劳动分工形成。国际贸易充分发挥各国资源的比较优势，土地因其不动产的属性成为不可贸易品，但却通过支持制造业出口为国际贸易做出贡献。全球化的深化程度，深刻地影响着土地、人力、资本三大生产要素的使用与发挥，全球化带来了全方位的商业机会。

1995 年，中国提出加入世界贸易组织的申请，经过长时间的磋商与准备，2001 年 12 月 11 日，中国正式成为世贸组织成员。在分税制与官员晋升的制度激励下，中国地方政府以低廉的工业用地成本补贴制造业出口，中国制造倾销全球、外贸出口快速增长。图 3-22 显示，2001 年，中国的出口总额为 2661 亿美元，2014 年该值升至 23423 亿美元，13 年的时间增长了 7.8 倍。除 2009 年由于受 2008 年国际金融危机影响出现下滑外，2014 年之前整体外贸出口呈现增长趋势。2014 年以后受全球经济景气程度以及国内制造业成本上涨综合影响，外贸出口额出现明显回调。

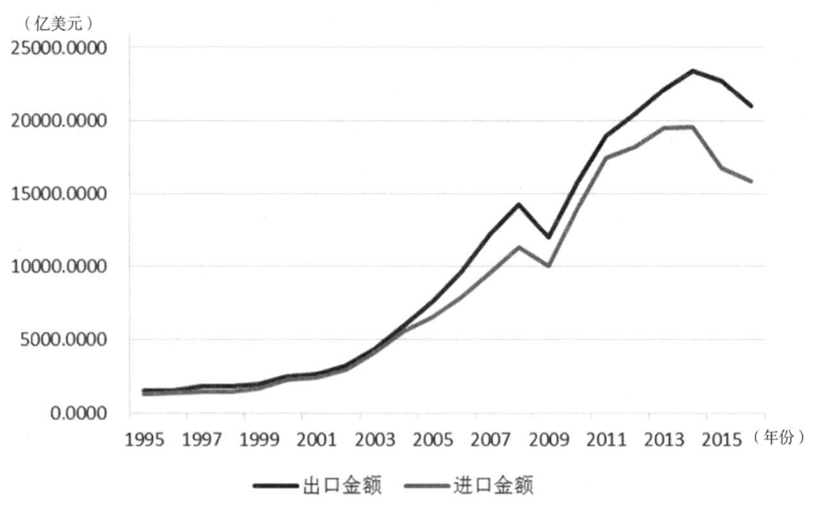

图 3-22　1995~2015 年中国进出口增长情况

资料来源：Wind。

1993 年以前，我国国际贸易大部分时间都是逆差，最高的年份是 1985 年，贸易逆差达 150 亿美元；1994 年至今，我国国际贸易连续 20 多年均为贸易顺差。如图 3-23 所示，2001 年底中国正式加入 WTO，贸易顺差得到巩固，并在 2004 年以后出现大幅增长。1994 年中国贸易顺差为 54 亿美元，2015 年中国贸易顺差为 5939 亿美元，11 年间增长了 109 倍。

中国的M2主要由外汇占款投放、政府支出投放以及银行信用派生等部分组成，其中外汇占款投放属于基础货币投放中被动投放的部分，央行不能对其进行主动调节。人口红利为中国制造提供了大量廉价劳动力，商住用地高地价带来的土地红利使地方政府可以压低工业用地的地价招商引资，2001年中国加入WTO，中国制造因其低成本优势倾销全球。出口创汇带来大量的外汇占款，央行对美元结汇发行人民币，使得M2大幅增长。1994年我国开始实行有管理的浮动汇率制度，1994年中国的外汇储备余额为516.2亿美元；2014年6月，中国的外汇储备最高达到39932亿美元，10年间增长了76倍。从2015年开始外汇储备连续两年出现下降，其中2015年下降了5126.56亿美元，2016年下降了3198.45亿美元。截至2017年4月，外汇储备余额为30295.33亿美元。

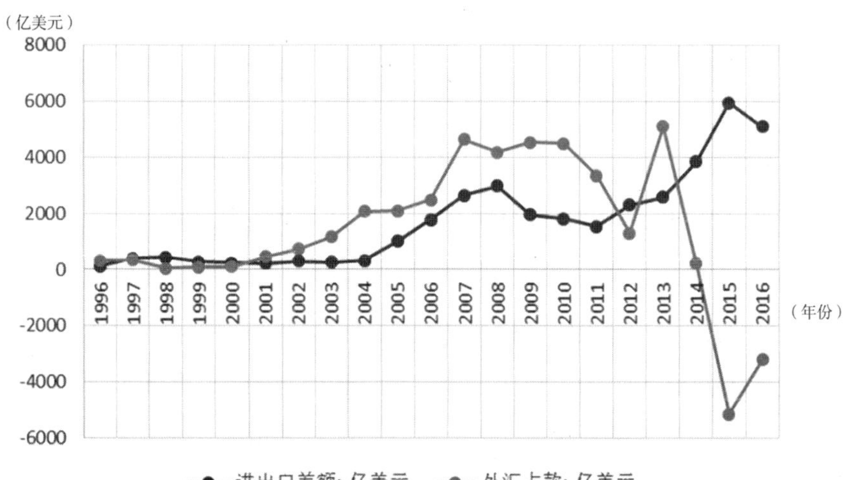

图3-23 1996年以来中国进出口差额增长情况

资料来源：国家统计局、Wind。

自2001年加入WTO以来，10多年间中国贸易顺差与外汇储备增长趋势保持一致。外汇储备大于贸易顺差是因为外汇占款中除了进出口差额以外还包括外商直接投资、中国的境外投资收益以及中国企业境外上市融资等。值得注意的是，2012 年境外热钱出现 3267 亿美元的大额净流出（见图 3-24），从 2012 年开始，贸易顺差与外汇占款呈现出反向变化的新情况。

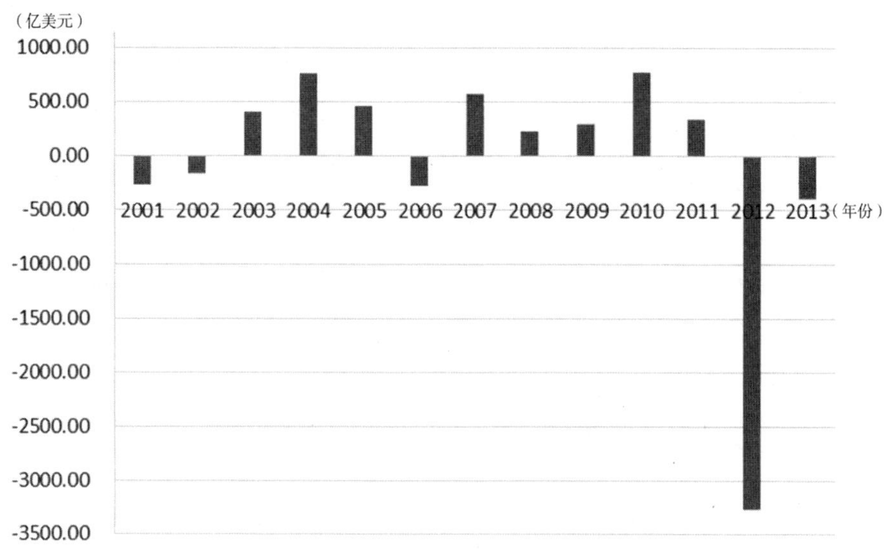

图 3-24　2001~2013 年境外热钱流入、流出情况

资料来源：Wind。

2015 年贸易顺差达 5939 亿美元，当年的外汇储备却下降了 5127 亿美元。针对这一现象，2016 年 4 月 21 日，国家外汇管理局新闻发言人王春英回答了记者的提问，指出统计口径和企业财务运作是主要影响因素。从企业财务运作的角度，她认为主要受三个方面变化的影响：一是企业增加对外资产，出口企业回款周期延长或回款后不急于结汇，2015 年企业贸易信贷资产上升了 460 亿美元，外汇存款余额增加了 250 亿美元；二是企业减少对外负债，2015 年企业以海外代付或远期信用证等形式从境外金融机构借入的跨境融资下降了 1151 亿美元，从境外交易对手借入的贸易信贷负债下降了 623 亿美元，境内外汇贷款余额下降了 1006 亿美元；三是企业采用跨境人民币结算，2015 年与海关可比口径的货物贸易项下，跨境人民币净收入 1700 多亿美元。梁红（2016）则认为巨额贸易顺差消失跟出口商虚报贸易额非法资本外

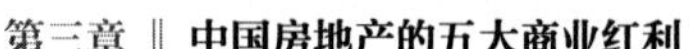

流有关，出口商一方面领取持续上升的出口退税，另一方面将外汇收入长期存放境外，这实质上是借人民币兑成美元后转移出境的行为。

作为商界翘楚，李嘉诚很敏锐地感受到商业环境的变化，从2013年开始，陆续抛售大陆资产。2013年8月，先以25.78亿元出售广州西城都荟广场和停车场；10月，再以71.6亿元整栋出售上海陆家嘴的东方汇经中心；三年内抛售大陆资产上千亿元。2015年初，借重组长江实业与和记黄埔，李嘉诚将旗下上市公司注册地全部由香港外迁至开曼群岛或百慕大群岛等离岸金融中心。

1994年以来中国的经常项目与资本项目长期保持“双顺差”，双顺差带来大量的外汇占款，直到2014年之前，中国的外汇占款保持了长期的稳定增长，这使得以外汇占款为依据创造基础货币成为可能。1994年人民币与美元重新挂钩，实行单一盯住美元的固定汇率制；2005年人民币与美元脱钩，参考“一篮子货币”进行调节，实行有管理的浮动汇率制度，其中2008~2010年实行盯住“一篮子货币”的固定汇率制度。据陈奉先（2015）的统计，2005年汇改后人民币参考的“一篮子货币”中美元占比在86%~90%，人民币汇率调节参考的货币仍然以美元为主。

国际上以外汇储备为依据投放基础货币的国家或地区不多，其中包括新加坡和中国香港地区，自身没有货币政策，实行与美元挂钩的货币局制度；以沙特为代表的海湾石油出口国，采用美元固定汇率制度；1978年以前的中国台湾，实行盯住美元的固定汇率制度。作为人口规模和经济总量世界排名比较靠前的国家，中国是唯一一个基于外汇储备投放基础货币的世界大国。

随着双顺差带来的大量外汇流入，为维持汇率稳定，央行通过发行人民币债收购外币，导致在外汇储备激增的同时，央行资产负债表不断扩张，人民币超发不但在时间上早于美国和欧洲的QE，在力度上也远远超过这些国家。2014年，中国经常账户顺差2138亿美元，资本和金融账户逆差960亿美元；2015年经常账户顺差2932亿美元，资本和金融账户逆差1611亿美元，之前的“双顺差”转为“一顺一逆”。

2015 年开始，外汇占款出现明显下降，外汇占款对基础货币投放的贡献开始衰减。2016 年，随着居民购房加杠杆兴起，信贷逐步成为基础货币投放的主要来源。据赵燕菁（2016）的统计，2010 年之前，外汇占款对 M2 的增量贡献一直维持在 50% 左右，最高的时候甚至超过 60%；到 2016 年底，外汇占款对 M2 贡献的占比已降至 15.4%，信贷的贡献则上升到 75% 左右，信贷增长的主要来源是房地产抵押贷款。

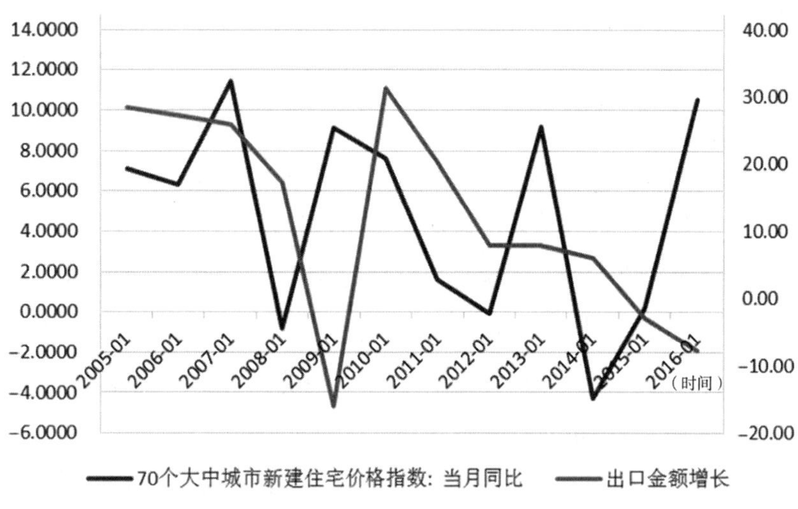

图 3-25　2005 年以来中国出口与房价变化情况

资料来源：Wind。

2001 年中国加入 WTO，2003 年海外热钱开始出现 402 亿美元的净流入，同年外汇占款也开始出现显著提升。外汇占款增加了 M2 的供应，超发的货币必须要有去处。2003 年 8 月，国务院颁布《关于促进房地产市场持续健康发展的通知》（以下简称“18 号文”），将房地产确立为国民经济的支柱产业，恰逢其时。

从图 3-25 和图 3-26 可以看出，2012 年之前，无论是贸易出口还是贸易差额的增长变化，均与房价的增长变化有很好的协同关系，表明通过出口创

汇，对外贸易扩大了货币供应量，提升了国内购买力，支撑了房价增长。房地产价格的变化领先于贸易出口及贸易差额的变化，有可能反映房地产的投资占比较高，金融属性比较明显，房地产市场投资人已经提前掌握了贸易的变化情况，因而率先带动市场提前实现了市场预期。2012 年境外热钱出现了 3267 亿美元的大额净流出，贸易差额与外汇占款开始出现反向变化，贸易出口及贸易差额的增长与房价的增长之间也开始出现背离，不知道是否由于这一信号的出现，直接导致李嘉诚在 2013 年开始从大陆撤资。

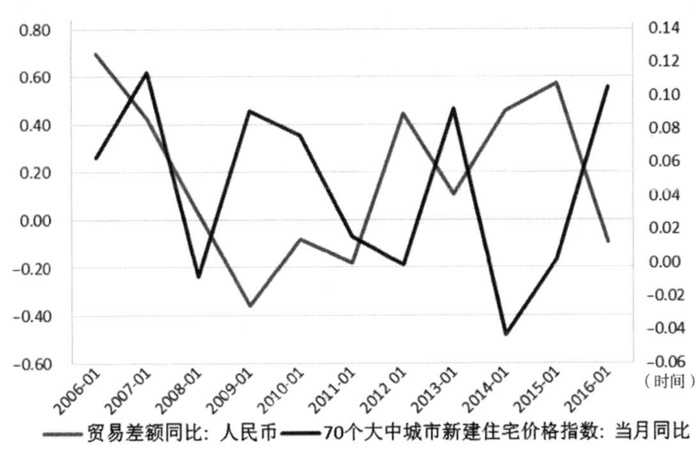

图 3-26　2006 年以来中国贸易差额与房价变化情况

资料来源：Wind。

2012 年开始，贸易出口及贸易差额与房价的变化一改之前同步增长的节奏，呈现出此消彼长的新变化。此前地方政府低价出让工业用地补贴制造业出口、制造业出口创汇扩大 M2 发行、货币超发叠加中国城镇化进程刺激楼市井喷的经济循环被打破，2013 年中国商品房销售面积达 13 亿平方米，创下历史新高，但上市房企的平均净利润率仅为 12%，出现大幅下滑；2014 年中国商品房销售面积 12.1 亿平方米，同比下滑 7.6%，上市房企平均净利润率为 10%，同比下滑 16.7%。业内人士纷纷感慨，“黄金十年”已经过去，中国房地产即将步入下半场。

第六节 小 结

五大红利共同促成了中国房地产的长期繁荣，塑造了中国房地产的黄金时期（1998 ~ 2017 年）。

土地红利、人口红利、资本红利是生产要素方面的红利，三大生产要素同时有利于某一产业的发展，这种情况是不多见的，但这也有可能意味着，虽然中国房地产的繁荣是长时段的，这一长时段也终究会呈现为阶段性。

在三大生产要素红利中，土地红利是基础，人口红利、资本红利通过作用于土地而发挥作用。制度红利、全球化红利是加速器。国有土地制度的建立、房地产税制度的缺失、分税制带来的官员激励、国际贸易的对外开放、国际金融的自由化，形成一个正反馈机制，放大了生产要素红利的影响。如果将中国房地产比作一辆豪华跑车，那么五大商业红利中的土地是发动机、人口和资本是燃油、制度与全球化是传动系统。

在五大商业红利中，人口红利相对独立，即使其他几项红利不存在，人口红利同样会发挥作用，不过其能够发挥的作用会大受影响。其他几项红利相互影响，如土地红利通过抵押贷款、吸引外商投资、工业用地低价出让扶持制造业出口创汇创造货币信用，因此土地红利本身也是资本红利，并且上述土地红利参与货币信用创造的过程离不开制度红利、全球化红利的存在与支持。

从产业分析的角度，土地、资本、制度这三项红利是中国房地产体系的内部因素，人口与全球化这两项红利是外部输入变量。中国 20 世纪 80 年代的婴儿潮叠加发达国家的去工业化、贸易全球化与国际金融自由化，为中国房地产的发展创造了千载难逢的大好时机；1982 年宪法宣布城市土地国家所有，1994 年实施分税制改革鼓励地方政府招商引资、扶持中国制造出口创

汇、通过土地财政经营城市，2001 年加入世界贸易组织，本意都不是为了发展房地产，但却为中国房地产的长期繁荣做好了制度铺垫。1998 年启动房改并没有马上带来中国房地产的大发展，但在这一系列的制度安排之后，2003 年国务院将房地产确立为国民经济的支柱产业，中国房地产的发展开始步入快车道，房地产“黄金十年”如期而至，一切都水到渠成，仿若有人做过总体规划一般。

第四章 中国经济增长模式

我们分析了推动中国房地产发展的五大商业红利，其中土地红利、人口红利、资本红利是三大生产要素给到的商业红利；土地要素内置于中国的房地产市场体系之中，是三大生产要素中的核心要素；人口要素独立于房地产市场，是一个外生的解释变量，也被研究者认为对中国房地产发展最具解释力；资本要素则受房地产信贷以及政府低价出让工业用地支持制造业出口创汇从而扩大 M2 投放的影响，与房地产业有较强的关联度。其他两个红利中，制度因素直接影响土地红利的释放，全球化因素通过开放自由贸易直接影响中国地方政府低价出让工业用地支持制造业出口的产业政策效果，都对中国的经济增长起到推动作用。本书没有考虑收入水平的影响，是因为一方面收入因素在人口红利、全球化红利中有所体现，另一方面从供需的角度，刚需客户即使收入水平不足，通过“啃老”、举债也会买房；从投资的角度，投资客户买房主要靠资产性收入而非工资收入，而资产性收入与资本红利相关。

在分析过程中我们发现，中国的房地产业不是一个封闭的行业，而是与货币金融、制造业、国际贸易乃至地方政府行为有着内在关联。土地是中国房地产的发动机，同时也是中国经济的发动机。

第一节 以土地为利基的经济增长模式

贝乐斯（2016）认为过去十几年中国房地产的持续上涨是信用大周期的产物，而中国的信用大周期建立在中国商业模式的正反馈循环之上。图 4-1 改进与完善了贝乐斯（2016）对中国商业模式的概括总结，对土地在中国经济中发挥的基础作用进行了进一步整理。

土地是中国经济模式的利润基础。1982 年宪法宣布城市土地为国家所有、1988 年宪法规定土地使用权可以依法转让、1994 年实施分税制改革、1998 年实施住房制度改革。这一系列的改革措施，都是顺应当时的形势发展及时作出的政策调整。如果说这些改革措施出自政府的有意设计，由此导致的地方政府土地财政行为以及低价出让工业用地扶持制造业出口的产业发展策略则属于有意设计带来的意外收获。地方政府招商引资的政策目标具体而直接，由此而带来的政策扩散效应既非他们所关心，更超乎他们所想象。

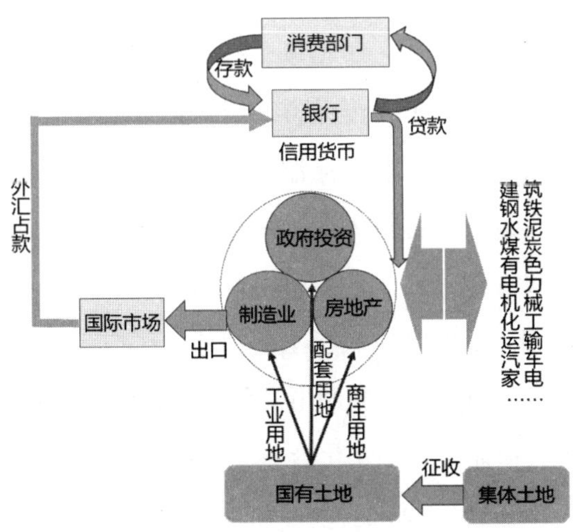

图 4-1 中国以土地为利基的经济增长模式

改革会带来一系列连锁反应，1982 年宣布城市土地国家所有，是对既定事实的法律确认。经过长年的社会主义改造，私有产权在中国已名存实亡，宪法在一夜之间改变了土地的产权性质，但在社会上并没有引起很大的反响。但实践有时会超前于理论，1987 年深圳举行新中国成立后的首例土地拍卖，开创我国城市国有土地有偿使用之先河，为便于土地流转，1988 年宪法规定土地使用权可以依法转让。土地出让金作为预算外收入列支，为地方政府的土地财政行为打开方便之门。

1994 年的分税制改革是在中央财政持续吃紧、财政压力倒逼之下不得不采取的改革措施。地方财权上收，事权不变，导致地方政府的财政压力陡然增加，在这种情况下，开辟预算外收入来源的需求极为迫切。分税制改革使中央财政加强了对企业税收的控制，对于地方政府而言，只保留了土地资源这一块自留地可以开发利用。

但如果房地产市场没有发展起来，土地卖不出好价钱，土地财政也不会有增长空间。1998 年实施房改更多是出于拉动中国经济的考虑，随着人口红利的逐步释放，带来中国房地产近 20 年的长期繁荣。房价持续上涨打开了土地财政的政策空间，实现了地方政府对土地财政的迫切期望。

由于地方政府垄断了土地一级市场，集体土地入市只能经过征收、征用程序先转为国有建设用地，这使得地方政府可以低价征收集体土地进行土地储备，然后在公开市场拍卖，获取高溢价。地方政府在土地供应上主要有三类用途：商住用地通过招拍挂进入房地产市场进行商品房开发、配套用地由政府划拨进行基础设施建设、工业用地协议转让或低价出让招商引资。在三类用地中，基础设施用地的供应大于工业用地的供应大于商住用地的供应。基础设施用地与商住用地用于提升城市形象，改善营商环境，是城市的面子；工业用地用于引进制造业企业，解决就业，贡献 GDP 与财政税收，是城市的里子。既有面子又有里子，这样的地方政府官员更容易得到晋升。

商住用地对应房地产消费，配套用地对应政府投资，工业用地对应制造

业出口。在我们提出的土地版中国经济增长模式中，房地产消费、政府投资、制造业出口构成拉动中国经济增长的“三驾马车”，同时它也是中国经济的一个缩影。目前在居民消费构成中，房地产消费占比最高，在社会投资中，政府投资的比重也较大。

地方政府官员低价出让工业用地、降低环保标准及劳动保护标准招商引资，无论是为了在官员晋升的相对排名中取得好的名次，还是为了取得长期稳定的财政税收，不可否认的是这是一种自利行为。地方政府官员这一完全自利的行为带来他们完全没有想到的产业政策结果：对中国制造的变相补贴与扶持。低廉的工业用地以及由此带来产业工人低廉的居住成本使得中国制造具备明显的成本优势，在全球竞争中所向披靡。

2001 年我国加入 WTO 为贸易出口扫清了障碍，从此中国制造倾销全球，出口商结汇，为央行带来大量的外汇储备。中国是唯一一个基于外汇储备投放基础货币的世界大国，超发的货币必须要有去处，继 1998 年房改之后，2003 年国务院将房地产确立为国民经济的支柱产业，房地产成了超发货币的泄洪闸与蓄水池。如此一来，中国经济既保持了长期快速增长，又保持了长期低通货膨胀，创造出令世界瞩目的经济高速增长奇迹。

房地产业是资金密集型行业，对其他产业的关联度高，对上下游产业的带动力强，在国民经济中发挥支柱作用。区别于普通商品，房地产兼具消费品与投资品双重属性。作为消费品，房地产应符合供求关系决定价格的价值规律。但多数情况下，房地产不能自动实现市场出清，因为房地产同时具有投资品属性，在房地产税缺位、房地产市场投机严重的情况下，不得不由政府出面，动用宏观调控政策，抑制房地产市场的自发失灵。

作为投资品，土地供给再多，能建造的住房也是有限的，不动产投资的需求却是无限的。有限的供给对应无限的需求，就会出现买涨不买跌，越买越涨，越涨越买的局面，如不加以控制，泡沫就会越吹越大，与经济基本面持续背离，直至最终泡沫破裂。房地产还带有金融属性，能够通过房贷和开发贷创造信用，增加 M2 供给，中国的房地产开发以间接融资为主，这使得房地产市场繁荣具有自我强化的特征。

房地产税缺位的制度红利释放了房地产的金融属性，令房地产价格自我实现，再加上人口红利、资本红利的强力带动以及制度红利、全球化红利推波助澜，中国房地产一路欢歌，在创造 GDP 的同时，也对社会财富进行了重新分配，进一步加剧了贫富分化。

第二节 房地产确定增长中的不确定因素

回顾 1998 年以来中国房地产的长期繁荣，我们会发现，这里面既有一些趋势性的因素在发挥作用，也有一些在过程中演化出来的作用机制。

人口红利驱动下的城镇化进程是中国房地产发展的总趋势。新中国成立后，中国于 1963 ~ 1971 年以及 1987 ~ 1990 年分别爆发两次“婴儿潮”，第一代婴儿潮的出现与三年自然灾害结束人口恢复性增长有关，20 多年后出生于第一代婴儿潮的个人进入婚育期，带来第二代婴儿潮。1998 年开始，我国启动住房市场化改革，第一代婴儿潮成年后的居住问题主要依靠福利分房解决。第二代婴儿潮对中国房地产市场带来巨大外生冲击，是 2003 年以来中国住房价格快速上涨的主要原因之一。随着 20 世纪 80 年代第二代婴儿潮成家立业进入房地产市场，中国住房需求不断上升，房地产价格持续上涨。

人口红利不仅为中国房地产提供了强大的市场需求，同时也为中国制造提供了廉价劳动力。中国制造以其低成本的比较优势倾销全球，源于其在土地、劳动、资本三大生产要素上全方位的占优。全球化作为长期的趋势性因素，向中国开放全球市场，并使中国在 2001 年加入 WTO 以后能够参与到全球范围内的国际分工中来。中国制造通过出口创汇、外汇占款对中国的货币信用投放做出贡献，从资本的方面带动了中国房地产的发展。

1998 年以来，在中国房地产长期繁荣发展的过程中，人口红利推动下的城镇化进程以及新自由主义引领下的全球化进程作为两大趋势性因素，决定了中国房地产的确定增长。土地财政、低价出让工业用地等地方政府行为则是在这个过程中自发演化出来的新的作用机制，并非出于政府的有意设计，但却逐步固化为地方政府的行为特征。

但是，地方政府越来越依赖土地财政，并非出于有意设计的地方政府行为已经形成制度惯性。而与此同时，曾经促进中国房地产长期繁荣发展的各项红利却在逐步消退。

第三节 红利的消退

土地红利的消退体现在，无论工矿仓储用地、商服用地还是住宅用地供应同时在 2003 年达到峰值后，2014 年开始出现全线下滑，如图 4-2 所示。

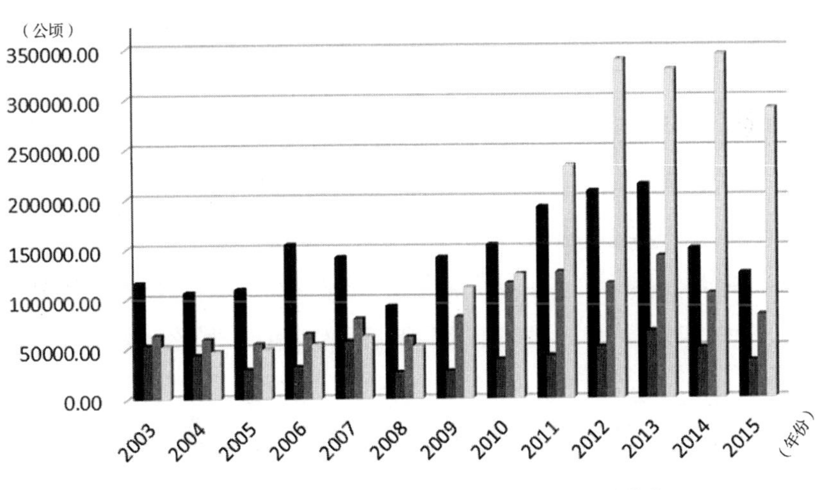

图 4-2 2003~2015 年中国各类土地供应面积

资料来源：Wind。

作为中国经济增长的发动机，土地政策与货币政策并列，成为中国政府进行宏观调控的主要政策工具①。但时至今日，运用土地政策进行宏观调控的政策效力在不断衰减，2013年政府投放了更多的土地，依然没有能够阻止GDP下滑的趋势，受土地资源所限，运用土地政策进行宏观调控的政策空间也在不断收窄。中国的土地供应面临18亿亩耕地红线的硬约束，使商住用地的供应不可能无限制地扩大。同时政府虽然有意扩大工业用地的供应，但在制造业世界范围内二次转移的今天，企业的实际用地需求也在不断下降②。

为了拉动经济，2012年之后，政府投放了更多的基础设施用地，同时为分散风险，启用PPP模式吸引私人资本参与。截至2016年末，财政部PPP中心项目库中有10313个项目，涉及投资额12万亿元，其中包括2016年10月13日财政部等20部委联合发布的第三批PPP示范项目516个，计划总投资金额达11708亿元。2015年发改委推出的两批示范项目总计1043个，总投资1.97万亿元；2016年新推出的基础设施PPP项目1233个，总投资2.14万亿元；截至2016年末，财政部和发改委批复的PPP项目投资总额已经达到16万亿元。

随着投放的土地越来越多，政府对土地资源的掌控力度也越来越弱。中国虽然实行土地公有制（城市土地国家所有、农村土地集体所有），但由于房地产税缺位，已经出让的40~70年期限不等的土地实际上已经私有化了。中国政府在土地产权上一直采取制度模糊的处理态度，近期从住建部到国务院，有一些政府官员公开表态土地到期后无偿续期，如此一来，房地产投资

① 2003年，以中国人民银行发出的《关于进一步加强房地产信贷业务管理的通知》为标志，中国政府正式开始运用土地政策参与宏观调控。2004年，国务院印发《关于深化改革严格土地管理的决定》，2006年，进一步印发《关于加强土地调控有关问题的通知》；2009年，时任国家土地副总督察的甘藏春主编出版了《土地宏观调控创新理论与实践》一书。

② 由于工业用地可以通过一定的程序变更为商住用地或以工业用地的性质变相从事房地产开发，企业实际用地需求虽然在下降，但这并不代表企业没有实际的圈地需求。如据李燕星（2017），处于商业危机中的乐视，在全国重点城市有土地储备25920亩，是房地产开发企业融创中国土地储备面积的一半，这使得融创老板孙宏斌愿意斥资150亿元投资于乐视的核心业务。

人只需要支付交易过程中的少量税费，就可以坐享持有期间土地增值的大额收益。房地产税缺位也使得拆迁成本不断上升。2015 年，全国缴入国库的土地出让收入为 33657.73 亿元，土地出让支出 33727.78 亿元，其中用于征地拆迁补偿、补助被征地农民、土地出让前期开发等成本性支出为 26844.59 亿元，占支出总额的 79.6%，地方政府出让土地的净收益仅为整个土地出让收入的 20%。如果扣除前期开发成本，征地拆迁的成本性支出占到土地出让总支出的 60%。

人口红利的消退首先体现在人口的老龄化上。按照联合国标准，65 岁及以上人口占总人口的比例大于 7% 的社会属于老龄化社会，从 2000 年开始，我国在发展中国家中率先进入老龄化社会；到 2014 年，老龄化比例超过 10%，如图 4-3 所示。中国拥有世界最多的老龄人口，据陈斌开等（2012），人口老龄化导致中国住房需求增长率在 2012 年后大幅下降，2013～2025 年中国住房需求为负增长。

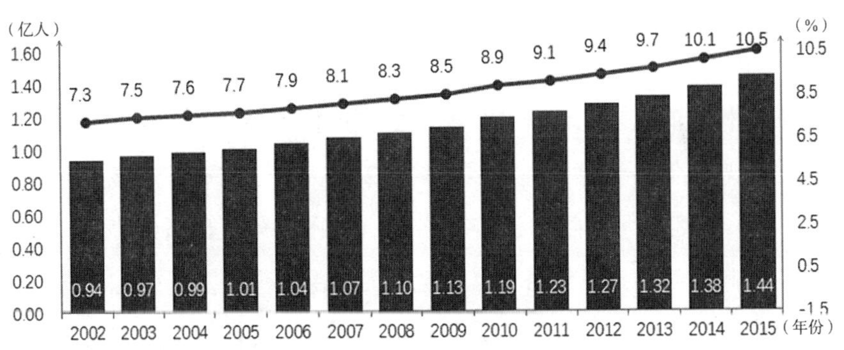

图 4-3　我国 65 岁以上人口数量及占总人口比例逐年上升

资料来源：国家统计局。

人口红利的消退还体现在流动人口的减少上。2014 年中国的流动人口达到 2.53 亿峰值后出现下滑，2015 年一线城市上海也开始出现人口净流出的现象。与此同时，长期以来人口净流出的四川、安徽等省份，则出现明显的人口净流入。据世界银行的预测，我国的劳动力人口（15～64 岁）于 2016 年达到峰值，约为 9.96 亿，占总人口的比重为 73%。从 2016 年开始这部分人口数量及比例开始加速下滑，到 2050 年，我国劳动力人口将下滑到 7.9 亿，占总人口的 61%，如图 4-4 所示。

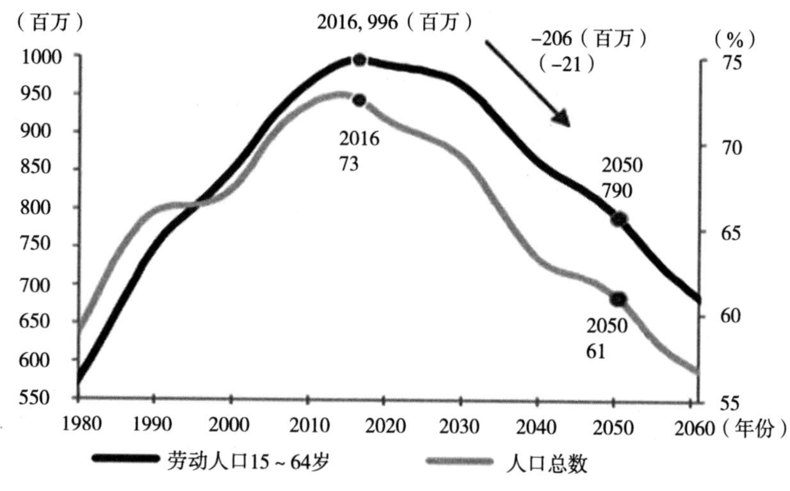

图 4-4　世界银行对中国人口结构的预测

资料来源：世界银行。

资本红利的消退首先体现在外汇占款支持货币创造的力度减弱上。2015 年开始中国外汇储备连续两年出现下降，2015 年下降 5126.56 亿美元，2016 年下降 3198.45 亿美元。截至 2017 年 4 月，我国的外汇储备余额为 30295.33 亿美元，而高峰时的外汇储备近 4 万亿美元。由于央行基于外汇储备投放基础货币，中国货币信用的创造能力受到很大影响，目前更多的在信贷上做文章，但显然信贷宽松同样不可能无限放大。

资本红利消退的另一个体现就是信贷宽松已成强弩之末。如图 4-5 所示，1998 年 1 月，5 年期以上贷款基准利率为 10.53。经过历年多次降息，2015 年 10 月 24 日 5 年期以上贷款基准利率由 5.15% 下调为 4.9%，再加上首套房利率通常为 8.5 折（少数银行甚至可以低至 8.0 折），主流首套房贷款利率为 4.17%；5 年期以上公积金贷款基准利率则调整为 3.25，均创历史新低。

信贷宽松的政策空间已越来越小，事实上由于房价飙升，2016 年 10 月政府启动新一轮宏观调控，无论首付款比例还是贷款利率均有所提升。

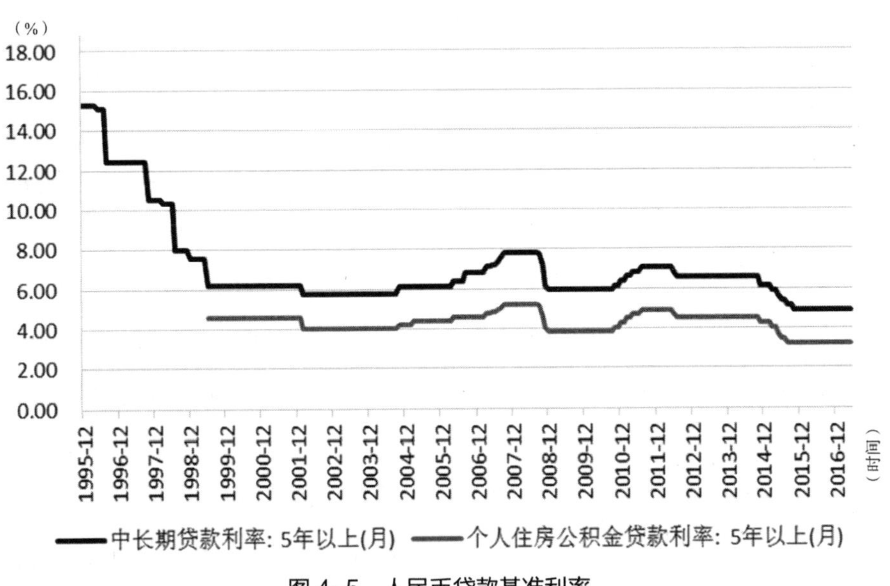

图 4-5　人民币贷款基准利率

资料来源：Wind。

资本红利的消退还体现在热钱的大额净流出。2012 年境外热钱出现 3267 亿美元的大额净流出，2012 年开始，贸易顺差与外汇占款呈现出反向变化的新情况。有“超人”之称的李嘉诚从 2013 年开始大幅抛售大陆地区的资产，2015 年进一步将旗下上市公司注册地全部由香港外迁至开曼群岛或百慕大群岛等离岸金融中心。

土地国有制制度红利消退的原因前文已有述及，土地出让越多，政府对土地的控制越弱。中国名义上实行土地公有制，实际上的土地增值收益已被私人占有，1949 年前通过流血斗争换来的土地平权成果在改革开放后没有得到巩固，老问题以新面目重新出现。在世界各国普遍对不动产保有开征保有税的今天，如何处理土地问题已成为中国政府不得不直面的政治经济学课题。

分税制制度红利的消退是因为并非出于有意设计的地方政府行为已经固

化为制度惯性，使得地方政府对土地财政形成依赖。随着土地拆迁成本的不断上升，地方政府的土地净收益不断下降，财政部 2015 年的数据表明，地方政府出让土地的净收益已下降为仅占整个土地出让收入的 20%。随着制造业成本不断提高，全球化红利出现逆转，地方政府低价出让工业用地扶持制造业发展的既定做法已不再有效。在新形势下，地方政府“以地谋发展”的激励模式并没有改变，于是只能通过更多的举债来拉动经济，因此地方债务问题越来越突出，地方僵尸企业的问题也越来越严重。

房地产税虽然还没有正式大范围开征，但在政府史无前例的大力度限购、限贷、限价、限售的房地产调控政策之下，交易受到限制，房地产税制制度红利也很难释放出来。同时虽然政府对开征房地产税没有明确表态，随着地方政府债务问题不断加剧以及土地财政收益日益吃紧，房地产税开征显得越来越迫切。只是随着时间的流逝，中国政府已经错过了渐进开征房地产税的最佳时机，使这一问题的复杂程度不断加大。在现有的制度框架下，以房地产调控来限制市场交易，成为目前紧急处置房地产市场的临时有效措施，政府之前多次动用这一政策储备，屡试不爽，只是这一次国内、国际的经济环境都发生了很大的变化，政府需要意识到以前的经验放到今天是否适用。

特朗普的上台、英国的脱欧，释放出全球化逆转的信号。发达国家的政治生活开始越来越多地表现为精英与大众的对立，当新自由主义者还在沉迷于市场至上的理念之中时，社会大众已经开始为贫富差距进一步拉大、全球化导致大量工作岗位流失而苦恼。金融危机后爆发的“占领华尔街”运动，集中反映出底层社会对华尔街金融精英的不满。

与全球化进程相伴随的是西方国家的去工业化与金融化。中国加入 WTO，是主动融入全球生产和贸易网络，承接新的国际劳动力分工，这使得中国的工业化与西方国家的去工业化高度耦合，充分发挥了中国资源禀赋的比较优势。虽然以英、美为代表的西方国家兴起了反全球化的浪潮，中国作为发展中国家却在全球化过程中受益明显。全球化缩小了发展中国家与发

达国家之间的收入差距，尤其像北上广深这些新兴市场国家中的一线城市，由于深度参与全球化进程，城市的文明程度已达到或接近世界发达国家的水平。但全球化同时却让发达国家的富人越富，拉大了发达国家内部的收入差距，这使得发达国家的富裕阶层依然是全球化的拥护者，社会大众却开始对全球化持反对态度。

全球化红利消退对中国而言主要体现为外贸出口的减少。除 2009 年由于受 2008 年国际金融危机的影响出现下滑外，2014 年之前中国外贸出口整体呈现增长趋势。2014 年外贸出口最高达 23423 亿美元，但 2015 年这一数据为 22735 亿美元，2016 年为 20974 亿美元，连续两年出现明显下滑。由于成本的上升，很多制造业企业不得不迁往印度、越南等新兴市场国家和地区，实体经济不振、企业倒闭、老板转型炒房、上市公司靠卖房渡过难关等报道屡屡见诸报端。

第四节 小 结

土地是非贸易品，但中国的土地通过工业用地低价出让，扶持制造业出口深度参与了国际贸易。然而，这种地方政府“无心插柳柳成荫”的行为后果，一方面有利于拉动地方经济，另一方面通过土地补贴的方式招商引资引来的企业以中低端制造业居多，这类企业对成本相对敏感，易于迁徙而较难本地化。

中国的经济增长方式是建立在土地的基础之上的。有研究认为中国的经济增长是政府不断赋权的过程，与此形成对比的是，1982 年宪法宣布的“城市土地国家所有”是中国房地产发展的起点，也使得地方政府能够以地融资经营城市，并以地招商参与国际产业分工与自由贸易。地方政府土地财政与为晋升而招商引资的行为模式并非有意设计的结果，但地方政府在特定的制度激励下的行为模式已经固化成型，在新的经济环境下，以产能过剩、地方政府债务状况恶化等极端的方式暴露出来。

一线城市能够供应的土地越来越少，三四线城市土地供应的边际效益不断递减；人口红利释放殆尽，2013 年城镇居民户均超一套住房；2015 年开始外汇储备逐年减少，金融创新带来新的金融风险，企业债务、政府债务形势恶化；地方政府行为已形成制度惯性，只能通过反腐倡廉的方式对其进行约束；全球化出现逆转，2015 年开始我国的对外出口大幅减少。五大商业红利全面消退，经济增速持续下滑，这对多年来习惯于经济高速增长的我国政府与社会是个考验，是保持中国定力、适应新常态还是打破僵局、有所作为，这是个问题。

“三去一降一补”与房地产新常态

红利消退、经济增速下滑，引起中央的高度重视。2015 年 12 月 18 ~ 21 日，中央经济工作会议在北京举行，旨在落实“十三五”规划建议要求，推进结构性改革，推动经济持续健康发展。会议指出：“2016 年是中国全面建成小康社会决胜阶段的开局之年，也是推进结构性改革的攻坚之年，在战略上要坚持稳中求进，把握好节奏和力度，在战术上要抓住关键点，抓好去产能、去库存、去杠杆、降成本、补短板这五大任务。”

“三去一降一补”是一个提纲挈领的经济政策体系，面对错综复杂的国际国内经济形势，党中央统筹国内国际两个大局，加强和改善对经济工作的领导，认识新常态、适应新常态、引领新常态，为中国全面建成小康社会保驾护航。

结构性改革任务繁重，自会议召开以来，在改革攻坚取得一定成绩的同时，也暴露出中国经济在运行过程中尚存在着诸多隐患，及时对相关问题进行回顾与梳理，有助于供给侧结构性改革稳步推进。

第一节 产能过剩与僵尸企业

中国目前产能过剩主要集中在煤炭、石油等能源领域以及钢铁、水泥、有色金属等原材料领域，其中超过 50% 的钢铁产品用于房地产和基建，水泥产品几乎全部用于房地产和基建，有色金属的下游需求行业主要是基建和房地产，而钢铁、水泥、有色金属这三大高耗能行业均属于用煤量比较大的产业部门。

根据财政部公布的数据，不包含国有金融类企业，2015 年 1 ~ 12 月，国有企业营业总收入为 454704.1 亿元，同比下降 5.4%，利润总额 23027.5 亿元，同比下降 6.7%；截至 2015 年末，国有企业资产总额 1192048.8 亿元，同比增长 16.4%，负债总额 790670.6 亿元，同比增长 18.5%。其中，交通、化工和机械等行业实现利润同比增幅较大，煤炭、石油、建材和石化等行业实现利润同比降幅较大，钢铁和有色行业继续亏损。2016 年 1 ~ 3 月，石油、煤炭、钢铁和有色等行业全线亏损；1 ~ 4 月，石油由亏转盈，1 ~ 6 月，煤炭首次实现由亏转盈，钢铁和有色则一直处于亏损状态。

煤炭、石油、钢铁、有色等属于资源型产业，由于传统计划经济的历史原因以及自然资源国家垄断的现实状况，央企与地方国企在这些产业中占有主要的市场份额，因此“去产能”主要是去国有企业的过剩产能。就有色金属而言，国有企业的经营效益明显不如民营企业。根据工信部公布的数据，2015 年，全国国有及控股有色企业仅实现利润 5.7 亿元，同比大幅下降 96.5%，占行业利润总额的比重仅为 0.3%，企业亏损面达 41.7%，亏损总额 373 亿元，占全行业亏损总额的 66%。2016 年有色金属国企虽然一直处于亏损状态，但 1 ~ 5 月，我国有色金属行业主营业务整体收入 22074 亿元、利润 687.4 亿元，同比分别增长了 2.6% 和 8.6%。

“去产能”政策初见成效，尤其在煤炭行业，为应对已经出现的产能过剩、价格下跌、企业亏损等问题，2013 年 11 月 18 日国务院办公厅下发《关于促进煤炭行业平稳运行的意见》，要求科学调控煤炭总量，严格新建煤矿准入标准，停止核准新建低于 30 万吨 / 年的煤矿、低于 90 万吨 / 年的煤与瓦斯突出矿井，逐步淘汰 9 万吨 / 年及以下煤矿，关闭不具备安全生产条件及存在安全隐患的煤矿。发改委建立了煤炭企业 276 个工作日制度与三级响应机制，高度重视煤矿的违法违规建设生产问题，通过与相关部门联合执法，对违法违规煤矿进行约谈，召开专题会、座谈会与部际联席会等多种形式，化解产能过剩，调整供求关系，促进供需平衡，截至 2016 年 8 月底，全国煤炭累计退出产能 1.5 亿吨，完成 2016 全年去产能任务的 60%。

与产能过剩相伴生的是大量企业的亏损，尤其是有些企业已经丧失了自我造血功能，只能依靠政府补贴和银行续贷维持经营，从而成为“僵尸企业”。聂辉华等（2016）认为导致僵尸企业形成主要有五方面原因：①地方政府和企业之间的政企合谋；②地方政府之间和国企之间的恶性竞争；③ 2008 年四万亿经济刺激计划的后遗症；④国际金融危机带来的外部需求冲击；⑤银行对民营企业的信贷歧视。

地方政府关心的是税收、就业和 GDP 增长，地方国有企业因其产权属性而受地方政府管辖，更因其规模大而受到地方政府青睐。为了政绩，地方政府倾向于鼓励本地国企扩大产能，提供各种优惠政策和补贴支持当地企业发展，并积极参与 GDP 锦标赛，展开地区与地区之间的恶性竞争。就发展地方经济而言，地方政府具有做多、做大的天然冲动，从而造成大量的重复建设，带来严重的产能过剩。当企业出现经营风险，出于维稳的考虑，地方政府又会通过提供贷款和补贴进行各种形式的“输血”，使得僵尸企业大而不倒，僵而不死，地方政府与当地国企相互依赖，陷入“囚徒困境”。

2016 年楼市销售异常火爆，汽车制造业也十分景气，1 ~ 8 月增加值同比增长 13.4%。在限产与需求的双重带动下，产能扩张有所抬头。国家统计局数据显示，8月国内原煤产量环比增加808万吨，随着10月冬季储煤旺季的到来，煤炭产能还会进一步增加。在河北，由于民营钢厂盈利情况相对较好，钢厂一边复产一边拆炉子的情况比较普遍。据肖明（2016）统计，2016年8~11月，河北要去除的1647万吨炼铁产能中，正在生产的产能有1180万吨，约占七成，而且盈利状况不错，另外还有涉及1475万吨炼钢产能要去除，同样大部分在生产。

与此同时，一些过剩产能在加速出清与重组。2016年9月19日，广西有色金属集团有限公司宣告破产，成为银行间市场债券发行人中第一家破产清算的企业。9月29日，4个月内连续8次违约、违约金额总计50.7亿元的东北特钢集团收到大连市中级人民法院送达的通知书，债权人已正式申请对东北特钢集团及其下属子公司进行破产重整。9月27日晚间，中钢国际（股票代码000928）发布公告称，中钢集团债务重组方案获得国家政府部门批准。据财新记者吴红毓然（2016）披露，作为此轮市场化债转股的首家国企，中钢集团将以留债近300亿元、转股近300亿元的方式进行债务重组；2010年刚组建的渤钢集团爆发1920亿元债务风险，波及105家金融机构。对此，天津市给出的处置方案是，企业承接500亿元，发债（债转债）600亿元，留存及核销800亿元。9月20日晚间，宝钢股份（股票代码600019）与武钢股份（股票代码600005）分别发布公告称，宝钢股份作为合并方暨存续方，将向武钢股份全体换股股东发行A股股票，吸收合并武钢股份，重组之后，公司更名为中国宝武钢铁集团有限公司。8月26日，中国建筑材料集团有限公司与中国中材集团有限公司在京召开重组大会，中国建筑材料集团有限公司更名为中国建材集团有限公司，作为重组后的母公司，中国中材集团有限公司无偿划转进入中国建材集团有限公司，以推动水泥行业的去产能步伐。

第二节 房地产与去库存

根据苏雪晶（2016）的测算，到2015年末全国房地产库存143亿平方米左右，其中拿地未开发建筑面积82亿平方米，在建未售及竣工未售60亿平方米左右，按照此前3年的平均销售面积计算，去化周期需10~11年。

2015年11月10日，中央财经领导小组举行第十一次会议，提出要化解房地产库存，促进房地产业持续发展。12月在京召开的中央经济工作会议进一步明确“去库存”，要按照加快提高户籍人口城镇化率和深化住房制度改革的要求，通过加快农民工市民化，扩大有效需求，消化库存。只是当时的说法是鼓励房地产开发企业顺应市场规律调整营销策略，适当降低商品住房价格，促进房地产业兼并重组，提高产业集中度，并提出要取消过时的限制性措施。

2016年2月以后，中央陆续出台了一系列配套政策。2016年2月2日，央行和银监会发布通知，非限购城市首套房商贷首付比例最低可降至两成，二套房最低可降至三成；2月17日，央行、住建部、财政部发布通知，将职工住房公积金账户存款利率上调为统一按一年期存款基准利率执行；2月21日，财政部、国家税务总局、住建部发布通知，对个人购买家庭唯一住房，面积在90平方米及以下的，减按1%的税率征收契税，超过90平方米的，减按1.5%的税率征收；2月26日在G20财长和央行行长会议上，周小川表示中国个人住房贷款在银行贷款的比重只有百分之十几，相比有的国家40%~50%还是偏低的，有很大的发展机会。媒体报道称周小川认为个人住房加杠杆逻辑是对的，潘功胜副行长则否认周行长说过此话。

中国中央与地方政府之间存在的委托—代理关系使得有利于地方政府的中央政策易于得到响应，不利于地方政府的中央政策则容易流于敷衍（在这个过程中，往往会产生地方政府与辖区居民之间的利益不相容的情况）。供给侧结构性改革得到了地方政府的快速响应，各地纷纷出台自己的供给侧结构性改革总体方案，尤其是对于“去库存”不遗余力予以落实。同时与股市类似，楼市中的散户充分领会政策意图，这使得政策效力在地方政府与投资者的合力之下成倍放大，于是房价飙升，如图 5-1 所示。

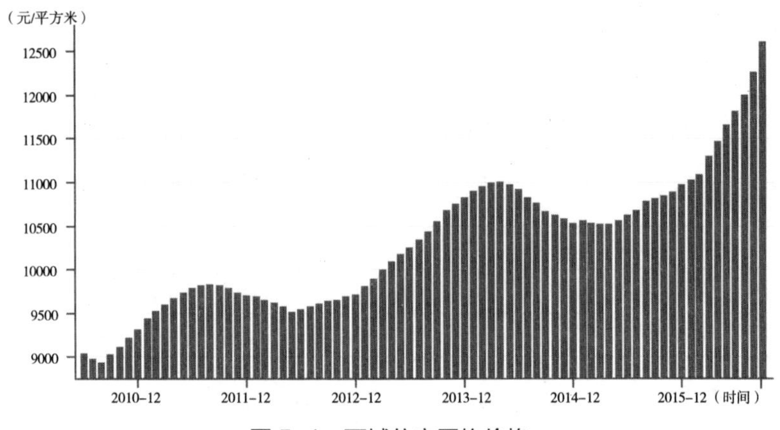

图 5-1　百城住宅平均价格

资料来源：Wind。

与上年同期相比，2016 年各城市房价普遍上涨，更有 15 个城市前三季度成交均价同比上涨超过 10%。具体如图 5-2 和图 5-3 所示。

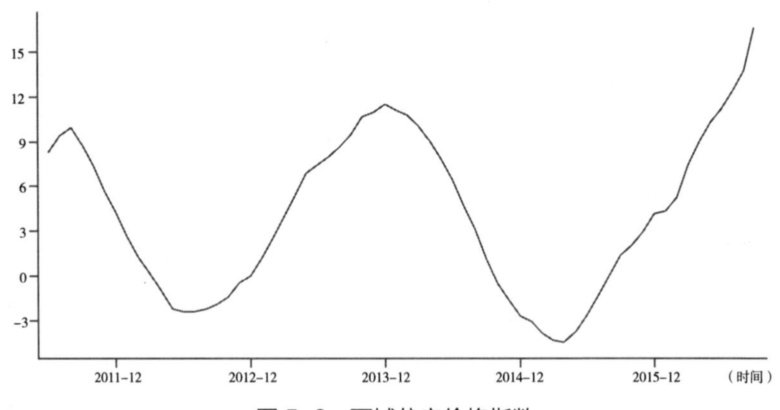

图 5-2　百城住宅价格指数

资料来源：Wind。

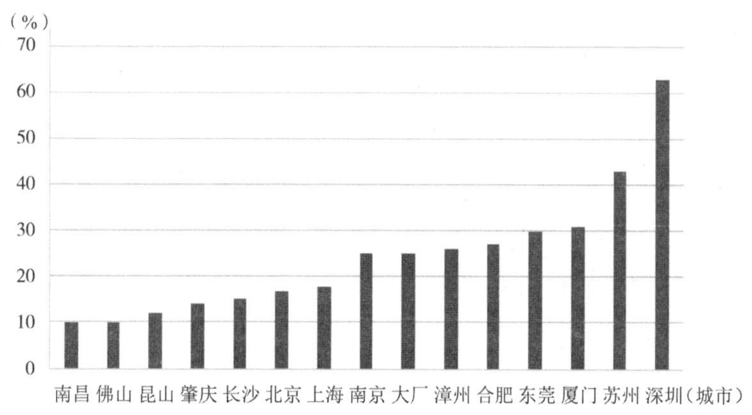

图 5-3　2016 年前三季度典型城市价格同比涨幅

资料来源：克尔瑞研究中心。

长期以来，中国的房价上涨被视为货币现象，因为它既不与 GDP 的涨跌保持同步，又与居民的收入水平严重背离。自 1998 年我国取消福利分房以来，房价虽然屡有波动，但整体呈现出上涨态势，与 M2 的走势高度一致。

房地产不仅是货币的大宗投资渠道，通过房地产抵押贷款，还参与了银行的信用创造，促使央行增发货币，释放流动性。不同于一般的消费品，房地产内在具有金融属性，在投资客的追逐下，作为投资品的房地产经常处于短缺状态，价格持续看涨。随着金融不断创新，当前房企直接融资的渠道越来越多，信托、公司债、基金、资产证券化等多种融资新渠道使房地产越来越金融化。政府基于民生考虑的房地产调控反而会熨平房地产市场的高位盘整波动，降低房地产投机的风险。政府如想保持房地产市场的稳定与可持续发展，只能把它作为消费品市场来进行培育，任何将其作为经济对冲乃至金融对冲政策工具的做法甚至仅仅是提议都只会适得其反，让自己为房价上涨背书，鼓励市场参与者的过度行为。目前看来中国的房地产市场已经脱离消费品市场的本性，蜕变为金融属性十足的投资品市场。之所以每次调控房价却越调越高，并不表明调控完全无效，只是表明调控并没有改变房地产市场的投机属性而已，调控一旦放松，价格便会反弹。

今天中国的经济形势不同于以往，能通过全球经济大循环推动本国经济增长，掩盖经济发展过程中自身存在的问题。2014 年以后产能过剩比较严重，经济内生增长动力严重不足。为应对经济下行压力，2015 年央行连续 5 次降息、5 次降准，释放了大量流动性。在货币宽松政策刺激下，2016 年 1 月，人民币贷款新增 2.51 万亿元，同比多增 1.04 万亿元，远超市场预期，创历史新高。

2015 年 10 月 24 日，5 年期以上贷款基准利率由 5.15% 下调为 4.9%，再加上首套房利率通常为 8.5 折（少数银行甚至可以低至 8.0 折），主流首套房贷款利率为 4.17%，创历史新低。在宽松的政策环境下，2016 年 2 月出台的购房新政引爆了楼市，启动了房地产的“大年”行情。

楼市火爆，房贷繁荣，图 5-4 所示，2016 年上半年，中国商业性房地产贷款余额增至 23.9 万亿元，上年同期为 19.3 万亿元，增长了 23.8%；购房贷款余额增至 15.4 万亿元，上年同期为 11.7 万亿元，增长了 31.6%；如图 5-5 所示，2016 年上半年商业性房地产贷款新增 2.9 万亿元，超过上年全年 2.8 万亿的水平，上半年购房贷款新增 2.3 万亿元，接近上年全年 2.5 万亿的水平。2016 年上半年新增人民币贷款 7.5 万亿元，其中购房贷款占 30.7%。

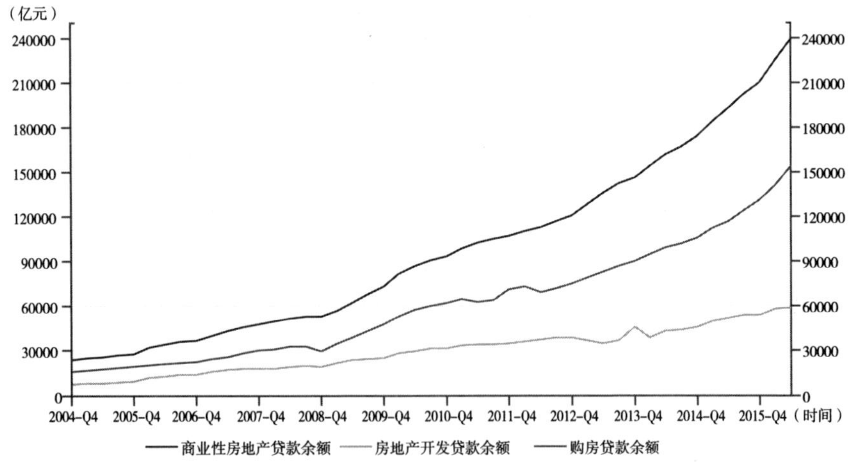

图 5-4　商业性房地产贷款、房地产开发贷款、购房贷款余额增长情况

资料来源：Wind。

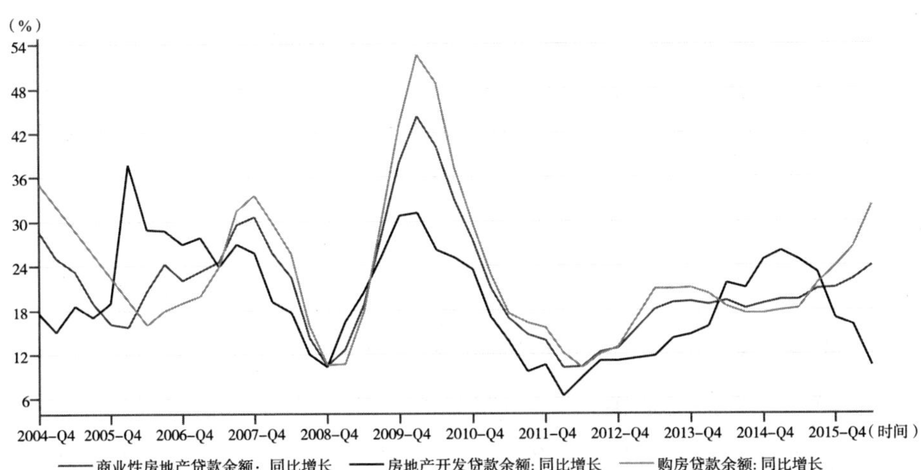

图 5-5 商业性房地产贷款、房地产开发贷款、购房贷款同比增长情况

资料来源：Wind。

央行数据显示，2016 年 7 月，人民币贷款增加 4636 亿元，同比少增 1.01 万亿元，住户部门贷款增加 4575 亿元，其中，短期贷款减少 197 亿元，中长期贷款（住房按揭贷款）增加 4773 亿元。家庭部门的定期存款通过购房不断转化为房地产开发商的活期存款，M1 与 M2 增速剪刀差持续扩大，如图 5-6 所示。

图 5-6 中国 M1 与 M2 之间的增速剪刀差

资料来源：Wind。

量价齐升的市场态势驱动房地产行业整体向好。根据同策咨询研究部，2016年上半年TOP 100上市房企扣非后净利润均值10.1亿元，同比增长17.4%。有22家房企扣非后净利润超过均值，其中中海150.16亿元，同比增长19.56%；万达商业58.23亿元，同比增长31.54%；华润置地55.32亿元，同比增长25.45%；万科53.36亿元，同比增长10.84%；绿地49.56亿元，同比增长28.02%。易居克尔瑞研究中心发布的1～9月房企《销售流量榜单》显示，2016年前三季度，房企销售业绩增长明显，TOP100房企的入榜门槛从上年第三季度的64亿元提高至102亿元，面积入榜门槛从49万平方米提高至79万平方米（见图5-7），其中名列榜首的中国恒大实现销售金额2805.6亿元，销售面积3436.7万平方米，同比分别增长215%和106%。

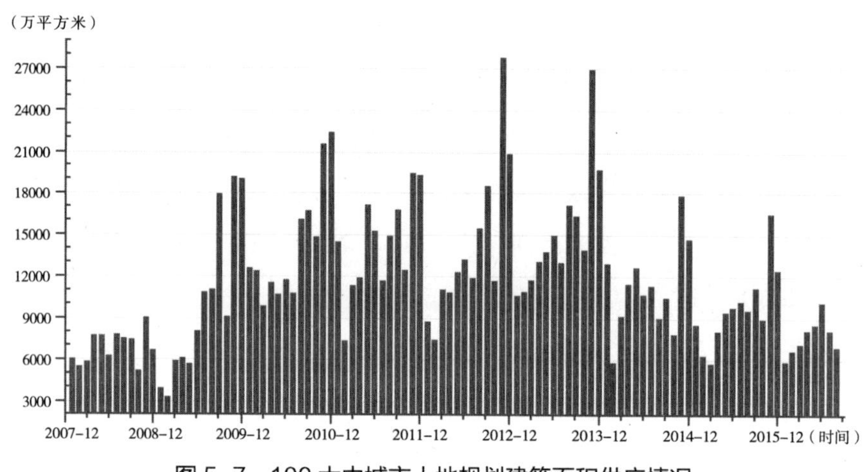

图5-7　100大中城市土地规划建筑面积供应情况

资料来源：Wind。

虽然房价飙升，土地供应却比较平稳，这使得成交的住宅类土地楼面均价不断攀升，如图5-8所示，2016年5月同比增长高达160%，8月同比增长高达90%，溢价率也远超以往历年。

再加上多渠道融资，持有大量现金，手中"不差钱"的各大房企在2016年竞相启动"买买买"模式，如融创中国并购莱蒙国际、收购融科智地、入

股金科地产；雅居乐先后获得广州单价地王和溢价率均逾 500% 的三块珠海地王；恒大重组嘉凯城、举牌廊坊发展、入股万科，目前又准备通过与深深房战略重组回归国内资本市场。

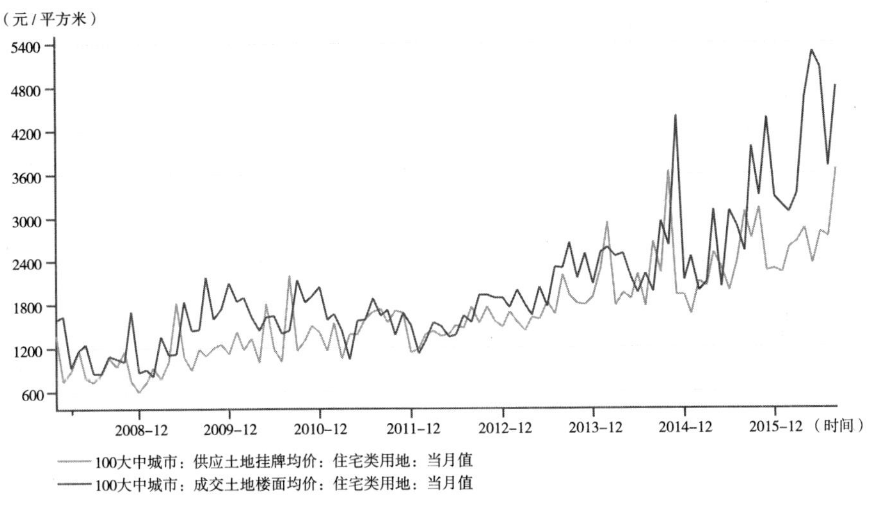

图 5-8　大中城市住宅用地供应及成交土地楼面均价情况

资料来源：Wind。

与 2015 年相比，土地供应量并没有出现大幅下降，虽然不能反映潜在的库存水平，但待售面积还是适合作为反映库存现状的一个参考性指标。如果说以一线城市和南京、苏州、合肥、厦门“四小龙”为代表的强二线城市房价持续飙升，去化周期明显缩短，那么相比而言，三四线及以下城市去库存形势依然严峻。

一二线楼市的火爆引起中央的高度重视。2016 年 7 月 26 日，中央政治局会议审时度势，首次提出要“抑制资产泡沫”。8 月 12 日，苏州调整非户籍居民购房政策，非本市户籍居民家庭申请购买第 2 套住房时，应提供自购房之日起前 2 年内在苏州市区累计缴纳 1 年及以上个人所得税缴纳证明或社会保险（城镇社会保险）缴纳证明，并对户籍居民家庭非首套购房实施限贷。9 月 5 日，厦门重启限购政策，暂停向拥有 2 套及以上住房的本市户籍居民家庭、拥有1套及以上住房的非本市户籍居民家庭等三类居民家庭销售建筑面积144平方米及以下的新建住房或二手房。9月19日，杭州在市区限购范围内暂停向拥有1套及以上住房的非本市户籍居民家庭出售新建商品住房和二手住房。9月26日，南京实施限购政策，规定在主城八区范围内，已拥有1套及以上住房的非本市户籍居民家庭，不得再新购新建商品住房和二手住房，拥有2套及以上住房的本市户籍居民家庭，不得再新购新建商品住房。10月1日，天津实施区域化限购和差别化信贷政策，对在天津市拥有1套及以上住房的非天津市户籍居民家庭，暂停在市内六区和武清区范围内再次购买住房（含新建商品住房和二手住房），在上述范围内购买首套住房的非天津市户籍居民家庭，申请商业贷款首付比例不低于40%。国庆期间，成都、合肥、郑州、济南、无锡、武汉、珠海、福州先后启动限购限贷政策，已实施限购的北京、广州、深圳、南京、厦门、苏州等城市国庆期间出台了调控新政，政策进一步收紧，北京和深圳还重启了“90/70”政策。

第三节 金融杠杆与资产泡沫

2014年2月，证监会成立创新业务监管部，旨在研究证券期货市场创新发展与资本市场互联网创新，协调会内和部际，支持和推动金融创新改革与试点，同时负责协调制定证券期货市场中跨市场创新业务和产品的监管规则。创新业务监管部，按其字面意义理解，应该是金融创新业务的监管部门，但其机构职能实际上却以推动金融创新改革与试点为主，证监会的内部网站也将该部门简称为“创新部”而非“监管部”。“创新部”的首任主任由时任证监会研究中心主任的祁斌兼任（在任2个月后调任证监会国际部主任），祁斌（2015）表示，华尔街在推动美国崛起进程中的作用是无法替代也不能低估的，美国之所以能够崛起，根本原因在于掌握了包括资本市场在内的先进的经济文明。中国中关村的车库咖啡已成为创业的摇篮，相比美国的重工业化时代，我们今天

生活在一个同样激动人心，或者更加激动人心的时代。创新、创业蔚然成风，13 亿人正轰轰烈烈地走向繁荣和富裕，走向现代化。

虽然不能把证监会所有的金融创新责任都归到创新监管部头上，但证监会对创新监管部的职能定位却足以表明当时证监会对待金融创新与金融监管的不同态度。2014 年 5 月 13 日，证监会发布《关于进一步推进证券经营机构创新发展的意见》提出：“要支持业务产品创新，放宽行业准入，支持融资类业务创新，完善融资融券业务相关规则，扩大融资融券与转融通业务的资金和证券来源，稳妥开展衍生品业务，积极利用网络信息技术创新产品、业务和交易方式，探索新型互联网金融业务，并鼓励证券经营机构为大宗交易、私募产品、场外衍生品等各种金融产品开展做市等交易服务”。2014 年 9 月 16 日，证监会发布《关于进一步推进期货经营机构创新发展的意见》提出：“要放宽行业准入，探索交易商制度，扩大风险管理公司业务试点，丰富交易所的基础衍生品工具，稳步发展场外衍生品业务。”

政策利好股市，2014 年 7 月，沉寂六年之久的 A 股启动上涨行情，在金融股带动下，年涨幅超过 50%。2015 年 1 月 16 日，证监会公布，2014 年第四季度证券公司融资类业务现场检查情况。有 12 家券商两融业务违规，对中信证券、海通证券和国泰君安 3 家公司采取暂停新开融资融券客户信用账户 3 个月的行政监管措施；对招商证券、广发证券责令限期整改；对安信证券、中投证券责令增加内部合规检查次数；对其余 5 家公司进行警示。同日，银监会公布《商业银行委托贷款管理办法（征求意见稿）》，规范商业银行委托贷款业务经营，加强委托贷款业务管理。当时 A 股两融的成交额已超过市场成交额的 15%，杠杆率超过全球其他主要地区，证监会、银监会的及时出手十分必要。1 月 19 日 A 股开市，全天下跌 260 点，跌幅 7.7%，券商股、银行股全面跌停。

沉寂 1 个月后，创业板开始领涨，至 5 月高位时，总市值接近 6 万亿元，平均市盈率超过 130 倍。4 月 20 日，沪深两市合计成交 18025 亿元，上交所单日成交过万亿元，创全球交易史最高值。4月21日，人民网刊发署名文章，称“4000点才是A股牛市的开端，在‘一带一路’开辟的外部市场空间下，如果将A股看作‘中国梦’的载体，其蕴藏的投资机会巨大”。

2015年5月28日，股市出现暴跌，两市2000余只股票下跌，超过500只个股跌停，上证综指收于4620点，跌6.5%。5月29日，股市全线反弹。6月12日沪指站上5178点，为7年以来最高。随后6月15日至7月9日，上证指数从5174点跌至3373点，跌幅达34.8%；深证指数从18182点跌至10850点，跌幅达40.3%。截至7月8日收盘，两市有1390家公司跌幅超过50%，1312家公司选择停牌。8月18日至26日，沪指再度暴跌超过25%。

本轮牛市是打着国家牛市旗号的杠杆牛市，高峰时，A股市场融资规模在4万亿元以上，其中场内融资2.27万亿元，场外配资约1.8万亿元，杠杆资金规模高达A股流通市值的8%，每日市场交易金额的15%以上为融资融券交易，再加上配资、伞形信托等结构化产品，杠杆交易占市场交易的1/4以上。场内融资的杠杆比例为1:1，伞形信托的杠杆高达3倍，配资杠杆高达5倍，网络配资杠杆最高更是达到15倍，程序化交易开始盛行。

疏于监管的金融创新是危险的，2015年6月12日，在A股站上历史高位之时，证监会下发《证券公司外部接入信息系统评估认证规范》，切断杠杆资金接入，进行事中干预，随后股市狂跌叠加配资爆仓，终于酿成罕见的股灾。为化解金融风险，中国政府出手，通过证金公司、汇金公司以及基金公司证金专户，加持二级市场股票筹码市值达1万多亿元，国家队成为提供流动性的做市商。

2014年证监会发布《关于进一步推进证券经营机构创新发展的意见》以及《关于进一步推进期货经营机构创新发展的意见》提出：要推进监管转型，转变监管方式，从重事前审批向加强事中事后监管转变。加强事中事后监管没错，但在交易制度不完备、市场体系不完善的情况下疏于事前防范却会酿成祸端，相比在市场高位进行事中干预，证监会更应该在事前完善交易制度，强调事中事后监管，疏于事前防范，是卸责与行政不作为。证监会主席助理张育军涉嫌内幕交易、泄露内幕信息而落马，反映出证监会内部也存在一定的问题。

2016 年 7 月证监会新成立内审部，据称创新部已解散，编制归内审部。付出了两年半的试错成本，证监会由鼓励创新，回归宏观审慎管理的政策立场。重创新、轻监管现象在互联网金融领域普遍存在，除了互联网证券，打着“普惠金融”旗号的 P2P（互联网借贷）业务也经历了一轮野蛮生长。据网贷之家数据统计，2015 年全国有 896 家网贷平台出现问题，其中 480 家跑路。截至 2016 年 9 月底，已经有 821 家出现问题，其中 294 家跑路。2016 年 8 月，人民银行发布公告，对支付宝、银联、财付通等 27 家非银行支付机构《支付业务许可证》续展，但同时对部分支付机构的业务范围进行了调减，并表示一段时间内原则上不再批设新机构。

银监会向各家银行下发《网络借贷资金存管业务指引（征求意见稿）》提出：“存管银行应对客户资金履行监督责任，不应外包或由合作机构承担，不得委托网贷机构和第三方机构代开出借人和借款人交易结算资金账户”，对 P2P 平台的存管业务予以规范。10 月 13 日，国务院办公厅公布《互联网金融风险专项整治工作实施方案》，要求在 2017 年 3 月底前，集中完成针对 P2P 网络借贷和股权众筹业务、通过互联网开展资产管理及跨界从事金融业务、第三方支付业务以及互联网金融领域广告等行为的互联网金融风险专项整治工作。随后，两行三会及工商总局联合其他中央部委分别发布了各自管辖范围的管理细则，包括《非银行支付机构风险专项整治工作实施方案》《通过互联网开展资产管理及跨界从事金融业务风险专项整治工作实施方案》《P2P 网络借贷风险专项整治工作实施方案》《股权众筹风险专项整治工作实施方案》《互联网保险风险专项整治工作实施方案》《开展互联网金融广告及以投资理财名义从事金融活动风险专项整治工作实施方案》六大专项整治方案，对互联网金融实施全方位穿透式监管。

2016 年 9 月中旬，央行研究局首席经济学家马骏在接受采访时表示，“过去十几年当中，杠杆率上升 1/3 的来源是房价的上涨”。相比发达国家，中国居民部门杠杆率（家庭债务 /GDP）不算很高，中国社会科学院发布的《中国国家资产负债表 2015》数据表明，截至 2015 年底，我国债务总额为 168.48 万亿元，全社会杠杆率为 249%，其中非金融企业部门杠杆率为 156%，政府部门杠杆率约为 57%，居民部门杠杆率约为 40%，低于 85% 的居民债务率国际警戒水平。居民部门的家庭债务以房贷为主，包含公积金，2015 年底中国楼市杠杆率达到 25.5%（其中公积金 /GDP 约 5%），高于日本房地产泡沫时期水平。2016 年中国居民购房边际杠杆率（居民新增房贷 / 新增地产销售额）为 50%（其中公积金贡献近 10%），已达美国金融危机前的最高水平（李迅雷，2016）。如果考虑到房贷市场中的首付贷、消费贷以及房价上涨会降低楼市杠杆率等因素，实际杠杆率只会更高。如果以（购房贷款余额 + 开发贷款余额）/ 商品房总市值来测算杠杆率，截至 2016 年上半年，中国居民购房贷款余额增至 15.4 万亿元，楼市杠杆率约为 15.25%，接近 2015 年 A 股市场高点时杠杆率 2 倍（工行城市金融研究所，2016）。

房企杠杆率再创新高，同策咨询研究部数据显示，2016 年上半年，上市房企总负债排行 TOP 100 企业的负债总额达到 84060 亿元，其中中国恒大总负债 8179 亿元、万科 5743 亿元、绿地 5453 亿元、万达商业 5047 亿元，成为中国房企四大“负翁”。鲁商置业、嘉凯城、天津松江资产负债率超过 90%，品牌房企中绿地、华夏幸福、中国恒大、万科等资产负债率超过 80%。万科、万达、绿地等大型房企速动比率只有 0.4 左右，短期偿债能力较弱。中期报告显示，2016 年恒大收购了香港 Pioneer Time Investment Limited 以及新世界、周大福等若干项目，购买盛京银行已发行股本约 5.59%、嘉凯城已发行股本约 52.78%、万科已发行股本约 6.82%。2016 年上半年恒大总资产为 9999 亿元，资产负债率为 81.8%，净资产为 1821 亿元，净资产负债率为 449%。在加杠杆进行兼并收购的同时，2016 年上半年，恒大扣非后净利

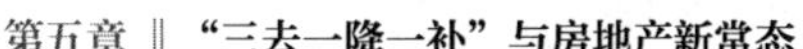

率仅为 0.75%，同比下降 0.88%，在大型房企中排名靠后。得益于房价上涨，2016 年上半年恒大实现销售毛利率 28.31%，略高于往年，但其销售净利率仅为 8.15%，首次跌破 10%，每股收益仅为 0.17 元，创历史新低。

截至 2015 年底，我国债务总额为 168.48 万亿元，其中国有企业（不含国有金融类企业）债务总额为 790670.6 亿元，占比 46.9%；非金融企业部门杠杆率为 156%，其中国有企业杠杆率超过 100%。根据财政部数据，不含国有金融类企业，2016 年 1～6 月国企负债总额 835497.2 亿元，同比增长 17.8%，利润总额 11272.4 亿元，同比下降 8.5%。国有企业债务集中在有色、钢铁等产能过剩行业，如破产重整的广西有色经清查审计资产负债率高达 216.77%，远高于审计前披露的 121.04%。国企占用了近 50% 的社会信贷融资，却只贡献了 GDP 的 40%，财政收入的 30%，就业的 20%。

企业部门的债务以国企债务为主，国企债务又集中在产能过剩领域，在这样的形势下，2016 年 10 月 10 日，国务院印发了《关于积极稳妥降低企业杠杆率的意见》及其附件《关于市场化银行债权转股权的指导意见》，强调“以市场化、法治化方式，标本兼治，综合施策，积极稳妥降低企业杠杆率，助推国有企业改革深化，助推经济转型升级和优化布局”。本次债转股，转股对象企业市场化选择，资产市场化定价，资金市场化筹集，股权市场化管理和退出，并要依法依规有序开展。对债转股的对象企业制定正、负面清单，禁止僵尸企业、恶意逃废债的企业、债权债务关系不明晰的企业以及助长产能过剩扩张和增加库存的企业债转股，银行不得直接将债权转为股权。在防范风险方面，政府不兜底、不强制、不免责，同时要强化监管、信用约束与追责。8 月 18 日，建行与武钢集团签订去杠杆业务合作框架协议，明确分阶段设立两支总规模 240 亿元的转型发展基金（合伙制），支持武钢集团降低资产负债率，实现转型升级。10 月，首期 120 亿元发展基金出资到位，成为政策出台后的首单债转股落地项目。

2015 年末，中国政府部门债务达 38.2 万亿元，占 GDP 的 57%，其中中央负有偿还责任的债务约11.8万亿元，杠杆率为18%；其余为地方政府债务，杠杆率达39%。地方政府通过城投公司等融资平台，利用贷款、城投债、信托、BT等多种方式增加杠杆。多年来，城投公司的债务率居高不下，据《城投蓝皮书：中国城投行业发展报告（2016）》，2015年我国城投公司总负债达4.437万亿元，相比2014年仅减少860亿元，同比减少不足2%。据统计，2015年全国城投公司平均负债率达50.91%。截至2016年8月底，地方债发行规模约为4.8万亿元，已超过上年全年3.8万亿元的总发行量。

第四节 降成本与补短板

2014年8月，美国波士顿顾问公司（BCG）发布咨询报告《全球制造业的经济大挪移》，对全球出口总额排名前25的经济体进行比较，若以美国的制造成本为基准指数100，中国的制造成本指数为96，比较优势已不再明显。造成中国制造成本大幅提高的原因主要有三个：一是薪资大幅提高，二是汇率不断攀升，三是能源成本上涨。[①]

2016年8月8日，国务院印发《降低实体经济企业成本工作方案》，提出要合理降低企业税费负担、融资成本、制度性交易成本、人工成本、能源成本以及物流成本。要全面推开营改增试点，稳妥推进民营银行设立，加快社会信用体系建设，加强知识产权保护；要降低企业社保、企业住房公积金缴存比例；要发挥"互联网+"作用，改进生产经营模式；要完善土地供应制度，降低企业用地成本，积极推进工业用地长期租赁、先租后让、租让结合供应，工业用地的使用者可在规定期限内按合同约定分期缴纳土地出让价款，降低工业企业用地成本。

降成本的政策措施很多，2016年的实际情况却是，在去产能的强力带动

① 虽然由于在指标设定（如以美国的天然气成本作为能源成本的基准指标之一）以及权重分配等方面存在问题，BCG的这份报告有夸大的成分，中国制造业成本明显上升却是不争的事实。

下，随着冬季供暖供电需求的日渐增长，10月部分地区出现煤荒，煤价逆袭暴涨，以环渤海动力煤指数为例，2016年1月曾跌至历史低点371元/吨，10月却报收577元/吨，较年初上涨55.5%；10月24日郑商所动力煤主力合约1701以625.6元/吨的价格涨停收盘，创历史新高，能源成本不断攀升。在去库存的强力带动下，住宅类土地拍卖楼面均价不断攀升，2016年5月同比增长高达160%，8月同比增长高达90%，在这样的火爆行情下，工业用地成本也难以降低。

在补短板方面，政府已经在有意识地通过PPP等形式加大对包含地下管廊在内的基础设施建设的投入，在“三去一降一补”的政策序列中，虽然补短板排在最后，但相比去产能、去库存、去杠杆和降成本，补短板丝毫不容忽视，其重要性甚至有过之而无不及。尤其在科技创新、房地产长效机制建设、国企改革、行业准入、政府监管等方面更是刻不容缓。

一个国家应否通过产业政策促进本国的经济发展与国际竞争力，在理论界争论不休，莫衷一是，但在现实中大多数国家均对科研领域投入重金，打造国家实验室，以保持在科研领域的领先地位或缩小与先进国家的明显差距。Romer等的内生增长理论认为，只有通过技术进步才能实现经济的可持续增长。如果说“十三五”之前中国的经济增长更多的是靠土地、资本、人力三方面的要素投入，随着土地红利、人口红利的逐年消退，如何通过科技创新促进经济内生增长，成为摆在国人面前的重大课题。经济积累可以通过金融加杠杆下的房地产业与劳动密集型的出口加工制造业来达成，步入经济新常态后，则只能通过提高工业生产率，将“中国制造”转换为“中国智造”来实现。

一方面存在行业准入，另一方面对“互联网+”等新经济持鼓励态度，充分暴露出政府有效监管供给不足。有些领域需放松乃至取消监管，政府却抓住紧紧不放；有些领域需从严监管，政府却反应迟钝。食品卫生、环境治理、安全生产、专利保护等方面监管不足，会让落后产能、违规企业劣币驱逐良币，破坏行业生态。有效监管不足，让电商成为税收的法外之地，让互联网金融从普惠金融走向传销金融，让网约车离共享经济渐行渐远。在教育领域，如果政府能够对课程体系、任教资格有科学合理的监管，就完全不必担心民营企业进入中小学教育会带来的冲击。

房地产与国有企业，已成为地方政府两大重要的经济增长极与税收来源，前者对应令人诟病的土地财政模式，后者对应令人担心的企业僵尸现象。

2003 年，房地产业被确认为国民经济支柱产业，2004 年，全面实施土地招拍挂制度，2003 ~ 2013 年，中国房地产进入所谓的“黄金十年”。就经济基本面而言，青壮年劳动力人口增长带来的人口红利、城市国有土地拍卖带来的土地红利、货币宽松与信贷宽松带来的资本红利，催生了房地产的黄金十年。带动中国房地产市场发展的，除了生产要素方面全方位的红利，还有分税制以及房地产税制等带来的制度红利，此外我们还不能无视全球化红利的存在。

2001 年中国加入 WTO，在投资和出口的双重拉动下，中国经济增长进入快车道。在招商引资阶段，地方政府纷纷压低工业用地价格，吸引外资，带来中国制造业的大发展。中国物美价廉的中低端制造品销往全球，换取外汇，外汇占款催生人民币货币投放，激发出房地产的投资、投机需求。作为投资品，土地供给再多，能建造的住房也是有限的，而不动产投资的需求却是无限的。有限的供给对应无限的需求，就会出现买涨不买跌，越买越涨，越涨越买的局面，如不加以控制，泡沫就会越吹越大，与经济基本面不断背离，直至最终泡沫破裂。同时房地产内在的具有金融属性，能够通过房贷和开发贷创造信用，增加 M2 供给，中国的房地产开发以间接融资为主，这使得房地产市场繁荣具有自我实现的特征。

中国是全球化的受益者之一，五重红利（人口红利、土地红利、资本红利、制度红利和全球化红利）叠加带来房地产的长期繁荣，如果说 1998 年以来我国房地产 20 年之久的长期繁荣离不开经济基本面的支撑，则随着国内实

体经济不振、用工成本上升、出口下滑、老龄化加剧、全球化放缓，2016 年之后的房价上涨已很难在经济基本面上找到支撑，尤其目前各地打着“去库存”的旗号在楼市加杠杆，已使房地产市场从消费品市场迅速滑向投资品市场。

2010 年温家宝曾提出要建立房地产调控的长效机制，之后的政治局会议上也对此屡有提及。2003 年党的十六届三中全会提出“实施城镇建设税费改革，条件具备时对不动产开征统一规范的物业税，相应取消有关收费”，但直到今天，大家对此还莫衷一是。

房地产税缺失带来的问题主要包括：

（1）房价会一直涨，只能靠政府调控来维稳。但市场的涨跌不以政府的调控为准绳，政府要股市慢牛，市场必然会演变出一个杠杆股市，政府要房价缓涨，市场必然会演变出一个杠杆房市。房地产税不一定会让房价跌，但没有房地产税房价必然永远涨，直到房价远远脱离经济基本面，泡沫因得不到支撑而破裂。通过合理的设计，房地产税可以让投资房地产的收益水平不高于社会平均收益水平，从而将房地产稳定在消费品市场而不是投资品市场上。

（2）地方政府没有持续稳定的税收来源，与辖区居民“激励不相容”。除了中央的反腐倡廉，对地方政府没有约束机制，导致地方政府的机会主义与败德行为。僵尸企业盛行、新能源汽车骗补、光伏产业溃败，均表明对地方政府的制度约束严重不足，已制约中国经济的有质量增长。

（3）房地产市场存量无法盘活，城市只能摊大饼，城市更新进一步推高房价。东北出现城市收缩的同时，中国的一线以及强二线城市在不断扩张。由于缺乏房地产税的制度约束，拆迁成本不断上涨，拆迁户要价不断抬高的同时，又造成土地资源闲置浪费。

推进房地产市场长效机制建设需注意如下三点：

（1）对制度建设要全盘统筹考虑。讨论改革不能单兵突进，而是要考虑如何协同推进，强化关联，如土地续期问题，即应与房地产税开征统筹考虑。同时房地产税也与小产权房、住房租赁、户籍政策、央地关系等问题相互关联，应提倡对整体解决方案框架的研究分析，否则容易出现“一叶障目，不见泰山”的结果。

（2）允许学界对上海、重庆房地产税试点的不同评价，但政府要充分肯定两地房地产税试点的意义与价值，建议政府公开相关的研究数据，供学者分析研究，总结经验，指出不足。政府应充分调动与发挥地方的积极性，不断扩大试点城市与已试点城市的征收规模，表明态度，稳定预期。

（3）各级人大要充分发挥作用。房地产税开征需要人大立法通过，人大在制定大的框架原则的基础之上应允许地方政府结合自身的实际情况先行先试。房地产税实施需要地方人大充分参与，通过房地产税的开征实现预算民主，通过预算民主实现经济民主①，才能更好地贯彻和保障政治上的民主集中制。

房地产税改革是渐进改革，不要希望毕其功于一役，那样会造成短期较大的制度冲击，既无必要，也无可能。但制度建设永远不能停步，只要有一两个城市做成功了，自然就会有其他城市效仿跟进。只要有利于人民福祉，在制度变迁过程中，制度的辐射与扩散会呈现出加速度的态势。所以开征房地产税的时机永远都已成熟了，但又永远都不成熟。正是因为总是在强调开征的时机不成熟，开征房地产税的最佳时机已经错过了。但在制度建设的道路上，只要方法对，下定决心做，时机就已经成熟，过程也许曲折，但路径在那里，只要去走，就会走通，不想做或故意拖延，时机永远都没到，但问题会不断累积，直到积重而难返。

僵尸企业多为能源、原材料领域的国企。据《财经》报道，我国煤炭企业人均年产量仅为620吨，而美国等发达国家人均年产量通常为1万吨，是我们的16倍；粗钢人均年产量仅为268吨，而美国等发达国家人均年产量

① 通过预算民主可以对地方政府实施硬约束，减少其补贴僵尸企业等机会主义行为，从而使其更遵守市场规则。此处的经济民主即为市场经济，消费者以钞票对市场上流通的商品投票，即为市场经济，即为经济民主（与经济官营相对）。

多在 1000 吨以上，是我们的 3.7 倍，其中我国国企的人均年产量更低，仅为 160 吨。

僵尸国企效率低下，但投资有增无减，2016 年 1 ~ 9 月，国有资本投资增速达到 23%，国企仍在不断放大债务杠杆。11 月 4 日，财政部明确表示，自 2015 年 1 月 1 日，新修订的预算法生效后，融资平台举借的债务不属于政府债务，对地方债进行切割。

中央希望国企做强做优做大，但如果缺少对国企的规制，国企就会表现出或者积极追求上规模或者消极保守不上进，及由此带来对高风险、低收益的高接受度。中央提出要坚持党对国有企业的领导，党委要参与企业管理，从委托人的角度对国企道德风险进行规制，有其积极意义。作为受托人，则要按照《关于国有企业发展混合所有制经济的意见》的要求，推进股权改革，激发企业活力。

龙煤集团连年亏损，其分公司副总于铁义贪污 3.06 亿元，创迄今为止法院认定的全国受贿案件金额最高纪录。2015 年武钢亏损 75.15 亿元，成为目前亏损额度最高的上市公司，原董事长邓崎琳严重违纪，贪污腐化。加强党对国有企业的领导，应着眼于对公司治理的改善与提升，再配套混合所有制改革，解决所有者缺位的问题，为企业持续发展注入动力机制。

第五节 经济新常态背景下的中国房地产

中国香港是中国内地了解世界的窗口，无论土地出让制度还是房屋预售制度，内地学习的都是香港的经验。但香港的制度条件与内地有很大差异，香港 48% 的人口住在政府提供的公屋（廉租房），低端有保障，其余人口的居住完全交给市场，高端有市场。香港是国际金融中心，实行自由市场经济，香港的房地产保有税（含差饷、物业税）实际税率仅为 0.3% 左右，这使得香港的房地产市场具有比较强的投资属性，其房价全球排名仅次于摩纳哥，1997年东南亚金融危机后一年内房价曾下跌逾50%。

在人口红利的带动下，中国以工业化承接发达国家的“去工业化”，积极参与新的国际劳动力分工，带来房地产的长期繁荣。张清勇等（2012）运用中国1985~2009年各省、自治区、直辖市的数据分析后发现，经济增长引领住宅投资的单向Granger因果关系是稳定的，反之则不然。中国1981~2009年虽然住宅投资占GDP的比重高达8.65%，2009年甚至达到10.7%，但“住宅引领经济增长”的假说在中国并不成立。这种说法只考虑了房地产投资自身对经济的拉动，而没有考虑房地产投资对上下游产业的拉动。显然，并不是住宅投资单独促进了经济增长，而是房地产作为发动机，推动出口、拉动投资，衔接上下游产业，带动了中国经济的增长。如图5-9所示，2014年，房地产开发投资占GDP的14.8%，商品房销售额占GDP的11.8%。房地产业带动了中国40多个行业的发展，与国民经济增长具有高度的相关性。

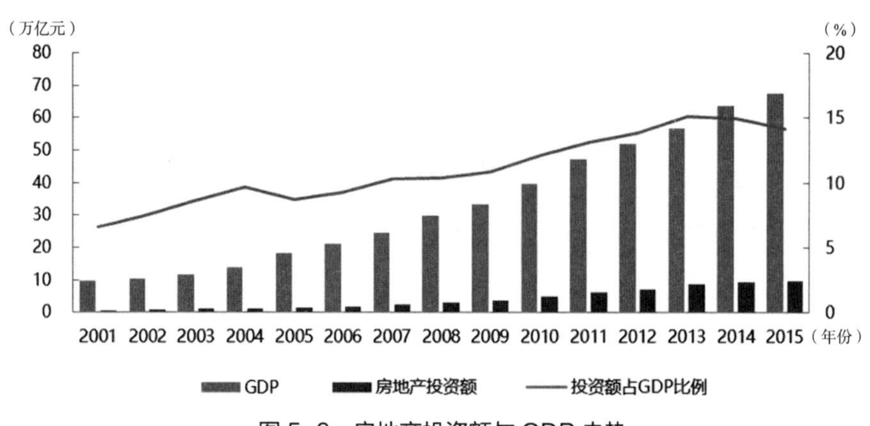

图5-9　房地产投资额与GDP走势

资料来源：Wind。

从1998年房改启动到2003年，中国房价增长相对平缓，年均涨幅只有3.5%，2003年以后涨幅开始加大。据Chen等（2017）提供的数据，2004~2013年，中国35个一二线城市房价年均增长速度是17%，而同期中国居民平均可支配收入增速和工资增速分别为11%和9%。世界城市生活成

本数据网站 Numbeo 提供的信息（表 5-1）表明，2017 年全球房价收入比排名前十一位的城市中，我国占了五席，包括香港、深圳、北京、上海、广州，其中深圳为 44.36，仅次于经济崩溃、通胀严重的委内瑞拉首都加拉加斯，我国的五个城市均超过新加坡 21.63 的水平。如果按照城市中心的房价租金比进行排名，在前五名的城市中，除了第二名被孟买占据之外，其他四个席位依次为深圳 76.62，上海 49.91，广州 47.04，北京 46.16，内地的四个一线城市均超过中国香港 44.35 的水平。

表 5-1　世界城市房价收入比及城市中心房价租金比排名

排名	城市	房价收入比	市中心房价租金比
1	加拉加斯	254.08	30.29
2	深圳	44.36	76.62
3	河内	37.15	27.09
4	中国香港	36.15	44.35
5	北京	33.75	46.16
6	孟买	32.9	50.95
7	上海	32.62	49.91
8	伦敦	27.8	41.31
9	阿尔及尔	27.11	38.59
10	利沃夫	25.91	21.12
11	广州	25.1	47.04
12	基辅	23.49	18.63
13	罗马	23.04	44.76
14	胡志明市	21.65	20.48
15	新加坡	21.63	36.41

资料来源：https://www.numbeo.com/property-investment/rankings.jsp.

中国家庭金融调查与研究中心提供的数据表明，2013 年中国基尼系数为 0.61，而全国平均住房空置率超过 22%，房地产已经成为家庭财富净值的主要组成部分，也是拉大贫富差距的主要渠道。沈悦等（2004）利用 1995 ~ 2002 年中国 14 城市的住宅价格指数与宏观经济基本面相关变量的平行数据进行实证研究，发现 1998 年之后经济基本面对住宅价格的解释能力明显减弱，作为重要的分水岭，1998 年后住宅价格的增长已经超出经济基本面的增长水平，中国的房地产市场并不符合有效市场假说。[①]

房地产价格脱离经济基本面长期上涨，导致资源错配，降低了全要素生产率。陈斌开等（2015）基于中国微观工业企业数据库的研究发现，中国房地产价格上涨 1%，会带来资源再配置效率下降 0.062%，全要素生产率下降 0.045%。1998 年以来房地产的长期繁荣使得中国房地产投资具有低风险、高收益的明显优势，这使得大量资本从实体经济转向房地产领域，降低了企业创新的动力，延缓了中国产业升级的进程。

“去库存”带来 2016 年中国房地产价格的飙升。据央行城镇储户问卷调查报告：2015 年第四季度，64.5% 的居民认为目前房价“高，难以接受”，14.25% 的居民预期下季房价“上涨”，10.25% 的居民准备在未来 3 个月内出手购买住房；到 2017 年第一季度，52.2% 的居民认为目前房价“高，难以接受”，降低了 12.3%，27.2% 的居民预期下季房价“上涨”，提高了 12.95%，22.9% 的居民准备在未来 3 个月内出手购买住房，提高了 12.65%。值得关注的是，22.9% 的计划购房比例创下历史新高，房价的飙升改变了消费者的预期，房价涨得越疯狂，意向购房的客户数量越多，市场经济中的价值规律已经不起作用了。

2016 年的政策牛市创造了中国房地产量价齐升的历史新纪录，由此带来的房地产调控政策也堪称史上最严。怀来、涿州、涞水、嘉善、句容等四线城市新加入限购行列，在传统的限购、限贷、限价之外，政府还启用了限售（开发商新拿地需自持不得转让、客户取得产权证后一定期限内不准出售）、

① 谭政勋（2010）研究认为，2005 年是中国房地产行业属性的分界点，在这一年中国住宅业投资和住宅价格发生了结构性突变。2005 年以前，固定资产投资的波动大于房地产投资大于住宅投资，一般商品的波动性上涨引起了住宅价格的上涨，住宅具有一般商品的消费性质；2005 年以后格局出现逆转，住宅投资的波动大于房地产投资大于固定资产投资，住宅不再是一般消费品，价格脱离一般商品独立运行，加速上涨并剧烈波动，更具备投资品甚至投机品的虚拟性。2005 年以后中国的住房更接近于金融资产，住房价格的加速上涨拉大了贫富差距，对消费产生挤出的替代效应而非促进的财富效应。

限改（禁止以“商改住”等方式变相销售）、认房（严格二套房认定）、认贷（还完贷款也算二套房）、认离（离婚后一定期限内无法取得正常购房资格）一类加码的房地产调控政策，通过减少交易冻结流动性。

房地产调控会影响地方政府的土地财政收益，进一步加剧了地方政府的债务风险。地方政府以地融资谋求发展，在预算软约束的制度条件下，普遍存在土地的过度抵押，由于政府是融资主体，其偿债能力往往会被高估。据刘守英（2017）统计，2010 年，地方政府承诺用土地出让收入偿债的占比为 37%。2010～2015 年，这一占比平均为 60% 左右，这使得地方政府的偿债能力与土地出让价格绑定在一起，如果地价下降，地方政府的偿债能力也会随之而下降。为规范地方政府债务，防范风险，2017 年 6 月 1 日，财政部与国土资源部联合印发《地方政府土地储备专项债券管理办法（试行）》，为地方政府量身推出土地储备专项债券，以项目对应并纳入政府性基金预算管理的国有土地使用权出让收入或国有土地收益基金收入偿还。

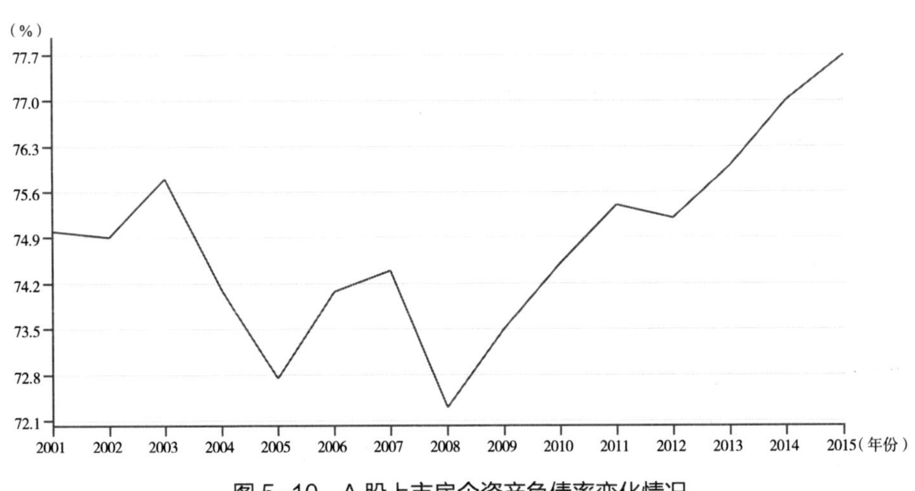

图 5-10 A 股上市房企资产负债率变化情况

资料来源：Wind。

在新的经济形势下，房地产企业的市场集中度进一步提高。2013 年，TOP15 房企的市场占有率为 16.36%。2016 年 10 月数据表明，TOP10 房企的市场占有率已达到近20%，远超往年，市场进一步向规模房企集中。2016年上半年，TOP100房企的负债总额达到8.4万亿元，创历史新高。2016年第三季度末A股127家上市房企平均资产负债率达到77.59%，负债率超过80%的房企有29家。2016年9月统计数据表明，内地房企平均利润率跌至7.8%，跌至个位数；2016年上半年，这一净利润率还为8.15%，这是内地房企利润率首次跌破8%（见图5-11）。

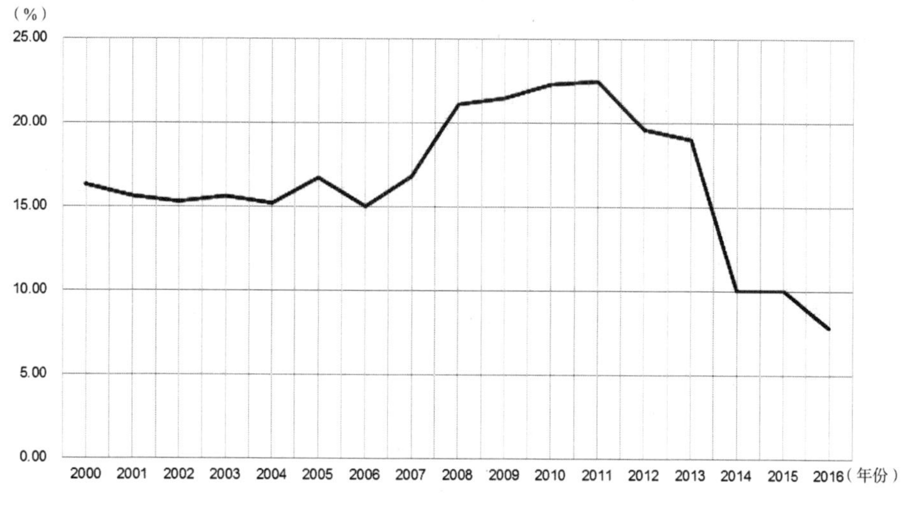

图5-11　上市房企销售利润率变化情况

资料来源：Wind。

如果房地产价格由经济基本面决定，那么经济周期及25～50岁购房人口的波动会决定房地产周期。中国的GDP增长率从2010年开始逐年下滑，但无论是房地产投资、价格还是成交面积，2010年之后依然有大幅度的增长。1998年以来中国经济长期向好，但2013年GDP增长率已跌回到1998年7.8%的起点水平，经济的持续高速增长难以为继。然而，自1998年以来，货币环境持续宽松，M2月同比涨幅近20年保持在10%以上[①]，如果考虑到近

① 2017年5月M2同比增长9.6%，比上个月低0.9个百分点，这是M2增速历史上首次跌破10%。

几年影子银行的信用货币创造，近几年的货币增速可能还被大幅低估。所以并不是房地产没有周期，而是由于货币周期的拉长，拉长了房地产周期，维持了中国房地产自 1998 年以来的长期繁荣。

赵燕菁（2016）将中国的货币创造归结为三个来源：引进外资、出口创汇以及土地资本化。他认为 2010 年以来，建设部通过土地创造的货币规模超过中央银行，房地产的本质是信用，高房价既是货币超发的原因，也是货币超发的结果。实际上，土地不仅通过土地财政、房地产开发参与货币创造，同时还以外商投资、扶持制造业出口的方式参与货币创造。外商投资的主要去向是制造业和房地产，而投向房地产的外资与投向制造业的外资之比在逐年提高，2010 年前这一比例接近 50%，2014 年超过 80%。在官员晋升与分税制的制度激励下，地方政府低价出让工业用地招商引资，扶持制造业出口创汇，参与了央行基于外汇储备的货币创造过程。当然，在房地产信贷之外，其他信贷也参与了货币创造。

货币信用的增长已不再能有效推动经济增长。据刘煜辉（2017）统计，2014～2016 年中国共投放了 78 万亿元的货币信用，但是仅创造了 15 万亿元的 GDP 增长。与此同时，不仅海外热钱大幅流出，境内资本也开始寻找对外投资出口。据联合国贸易和发展会议发布的《2017 年世界投资报告》，2016 年在全球外国直接投资下降 2% 的情况下，中国对外投资增长 44%，达到 1830 亿美元，首次成为全球第二大对外投资国。从 2009 年开始中国国民的海外购房活动开始活跃起来，到 2015 年，中国海外投资购房资金规模达到 300 亿美元。为避免资本大幅流出对汇率造成冲击，中国政府延缓了人民币国际化的步伐，2017 年 1 月 1 日，重新恢复居民一年 5 万美元的购汇额度，并对出境资金进行严格审核。

为降低金融杠杆，继 2015 年和 2016 年连续三次缩表之后，2017 年 2 月和 3 月，央行资产负债表分别再度收缩 2700 亿元和 8100 亿元，合计降幅达 3%。从 2016 年鼓励居民部门房贷加杠杆到现在的主动缩表，央行对货币宽松的态度在悄然发生改变，预示货币宽松的长周期已接近尾声。

2013 年 12 月 10 日举行的中央经济工作会议首次提出“新常态”的说法，代表对经济形势的全新判断。2010 年，GDP 高增速出现拐点；2012 年，人口红利出现拐点；2013 年，城镇居民户均拥有超过 1 套住房，总体供需基本平衡；2014 年外贸出口额开始出现负增长。在“经济新常态”提出的当口，业内人士普遍认为我国房地产的“黄金十年”即将过去，已做好迎接房地产“下半场”的准备，对房地产市场的期望值也随之而降低。但接下来 2015 年的信贷宽松以及 2016 年“三去一降一补”政策的实施，出乎大多数人的意料，再次将房地产推向高潮，延缓了房地产“新常态”的到来。

从 2015 年开始，外汇储备大幅减少，导致基于外汇储备的货币信用创造机制失效，这使得央行不得不转向信贷宽松以维持经济增长，房地产市场进入内循环，房价自我实现，严重脱离经济基本面。2016 年的“去库存”让房价再上新台阶，为降低金融杠杆，央行不得不主动缩表，同时为避免资本外流冲击汇率，不得不叫停人民币国际化进程，实施严格的资本管制。房价处于历史高位，但商业环境已然发生了变化，信用开始收缩，资本外逃压力加剧，不得不通过资本管制进行约束。高企的房价形成一个规模庞大的资产池，就像高峡筑坝形成的堰塞湖，如果水位继续抬高，只能通过不断加高堤坝来进行围堵，但水位越高，对堤坝的考验越大。

第六节　小　结

“三去一降一补”是中国 2016 年的“政府经济学”，之所以说它是“政府经济学”，是因为去产能、去库存、去杠杆、降成本、补短板这五大任务面对的主要是国有企业。

民营企业会根据市场信息主动调整生产计划，产能过剩的部门以国有企业居多。地方政府不但通过招商引资参与经济竞争，还通过拥有的经济资源

而直接参与经济活动。土地与地方国企是地方政府参与经济活动的两大抓手，地方政府垄断了土地一级市场，地方国企则因其产权属性而受地方政府管辖。与土地财政类似，为了政绩，地方政府倾向于鼓励本地国企扩大产能，提供各种优惠政策和补贴支持当地企业发展，并积极参与GDP锦标赛，展开地区与地区之间的恶性竞争。就发展地方经济而言，地方政府具有做多、做大的天然冲动，从而造成大量的重复建设，带来严重的产能过剩。类似于土地财政中的过度举债，当地方国企出现经营风险时，出于维稳的考虑，地方政府又会通过提供贷款和补贴进行各种形式的“输血”，使得僵尸企业大而不倒，僵而不死。

2015年底政府出台“去库存”政策的本意在于化解房地产市场风险，促进经济持续发展，当时甚至还鼓励房地产开发企业顺应市场规律调整营销策略，适当降低商品住房价格。结果2016年在信贷宽松政策的带动之下，中国房地产量价齐升，再创历史新高。为遏制房价疯涨，国庆前后各地紧急出台“一城一策”调控措施，形成史上最严的房地产调控格局。

随着人口红利消退、对外出口下降、外汇储备减少、黄金十年终结，中国房地产自动进入“新常态”。2016年的“三去一降一补”政策的实施，推后了“新常态”的到来，并将“新常态”锁定在一个新的高度上。

第六章 中国香港与日本的经验借鉴

“他山之石，可以攻玉”。中国土地的招拍挂制度学的是中国香港，香港是世界上房价最贵的地区之一，与房地产相关的社会矛盾比较突出。日本的经济腾飞历程与中国有相似之处，其房地产业发展的经验和教训值得我们对照参考。

第一节 中国香港不动产物权与税制现状

1842 年香港被英国殖民统治，1997 年回归中国。在英国统治香港期间，由港英政府代行土地所有权，向土地使用者批租规定期限的土地使用权。在回归以前，香港的土地使用权批租期限主要有 999 年、99 年、75 年以及 75 年加 75 年等几种年期，回归以后批租期限统一为 50 年。特殊用地的批租年期相对较短，康乐用地为 10 年或 21 年，加油站用地为 21 年。

香港土地批租期限的演变大致可分为三个阶段：① 1841 年港英政府批租第一块土地，位于港岛及九龙界限街以南，当时租期未做明确规定。1844 年以后将该土地租期确定为 75 年，并且不可续约。1848 年，因承租人抱怨租期短，把租期延长至 999 年，并且无须补缴地价。在随后的 50 年里，除大部分

九龙中心地段和郊区的建屋地段和花园地段以75年批出，香港港岛以及九龙界限街以南批租的土地，租期均为999年。② 1898年，由于认识到租期过长不利于政府与承租人共同分享土地增值收益，港英政府对新批租土地取消了999年的租约，代之以75年期满可再续租75年，但不另收地价的租约，从此75年租期成为标准租期，直至1997年香港回归。③ 1898年北九龙及新界土地被港英政府租借、接管，由1898年7月1日起计，港英政府以99年减最后3天，批租给土地使用者，在1997年6月27日期满时收回，再由港英政府于6月30日归还中国。（王晓明，2005）土地使用期满，若政府同意，可以补缴地价续期，否则土地及地上建筑物交归政府所有。

除了批租土地，香港有少量私有土地以及享有永业权的土地。1903年，港英政府完成对全港土地的地籍测量，宣布新界部分农业用地归当地村民所有，其他土地统称为"官地"。位于港岛花园道的圣约翰教堂所占用的土地是英王赠予圣公会坎特伯雷大主教的，是香港唯一一处享有"永业权"（Freehold）的政府所有土地，由教堂永久使用。

1984年，中英签署《联合声明》，规定所有在1997年6月27日前到期的土地租约，可续约，无须补缴地价，但不得超过2047年。过渡期每年新批土地不得超过50公顷，批租期限不得超过2047年6月30日。为防止港英政府滥售土地，《中英联合声明》附件三规定，从声明生效之日起至香港回归前一天，扣除开发土地的平均成本，港英政府获自土地交易的地价收入与未来的香港特区政府均分。在这之后不久，中英土地委员会中方代表处成立了"香港特别行政区政府土地基金"，通过土地基金的运作实现过渡期内香港土地的保值与增值。1998年，土地基金的资产并入外汇基金统一管理，但保持相对独立，不改变其用途。《联合声明》签署后，香港房地产市场进入长达12年（1985～1997年）之久的牛市期，并在主权回归后不久达到高峰（潘慧娴，2011）。

1997年7月1日，中国恢复对香港行使主权，按照1990年通过的《中华人民共和国香港特别行政区基本法》，“香港特别行政区境内的土地和自然资源属于国家所有，由香港特别行政区政府负责管理、使用、开发、出租或批给个人、法人或团体使用或开发，其收入全归香港特别行政区政府支配”。

为体现香港土地的国家所有权，1984 年签署的《中英联合声明》对香港土地批租制度的部分内容做了修改，在保留既有土地批租制度框架的前提下，添加了土地年租的制度向量，包括名义年租与实际年租两种制度因子。因此，自 1984 年以后，香港土地出让实行的是土地批租制和土地年租制的混合体制（王晓明，2005）。

所谓“名义年租”，是对 1985 年 5 月 27 日以前批出或期满已获续期的土地征收名义年租金，数额较小，租值固定，仅具有象征意义，如港岛及九龙界限街以南的居住、商业和工业用地，无论面积大小，每幅土地每年交租 1000 港元。所谓“实际年租”，是对 1985 年 5 月 27 日期满续约的土地，承租人不补地价，但在续约期内须缴纳实际年租金；1985 年 5 月 27 日以后新批出的土地，承租人除一次交清地价外，在承租期内还要按年缴纳实际年租金。实际缴纳的年租金额相当于当日该土地应课差饷租值的 3%，此后，随应课差饷租值的改变而调整租金。乡村屋地、丁屋地等农村土地的承租人，符合一定条件的，维持原定租金。

香港全境土地面积为 1108 平方公里，其中 40% 为郊野公园，不能用作开发。特区政府垄断一级土地供应，由地政总署负责制订土地出让计划，出让方式包括拍卖、招标、协议三种，每年供地数量有限，规模也比较小。除了公益性用地，所有工商及商品住宅用地一律以公开拍卖方式批租，由出价最高者获得。

1997 年 10 月，亚洲金融风暴席卷中国香港，港股、楼价大跌。1998 年，特区政府如期推出官地招标，结果仅以楼面地价 400 元 / 平方英尺售出，远低于市场现值，进一步造成市场恐慌（黄良升，2004）。为抑制楼市滑坡，特区政府宣布暂停卖地 9 个月。后来又设计出“勾地”制度，由地政总署公布

当年的“供申请售卖土地一览表”（俗称“勾地表”），有意向的单位或个人可在售卖前 3 个月内递交申请及按金，列明愿意支付的最低出价，如价格符合预期，政府将书面通知申请人，并在两个月内以拍卖或公开招标的方式推出该幅地块，以确保每幅官地推出都会有人承接。此外，特区政府还成立土地发展公司（后改称“市区重建局”），积极进行土地储备。

香港的高地价政策源于殖民统治时期，港英政府以卖地为主要的收入来源，这样就能够实施简单的税制，令英国企业受惠于较低的利得税税率（潘慧娴，2011）。香港的土地政策对大地产商有利，本来香港每年批租的土地就比较有限，香港主权回归过渡时期，每年批租土地不超过 50 公顷，人为造成土地供应紧张。勾地制度透明度低，供地与否取决于地产商的需求。除了每年举行土地招标、拍卖，政府还通过市区重建局以及香港铁路有限公司出售土地。这两家公营机构以半公开的方式组织土地招标，虽然邀请竞投公开进行，但是否入选则完全由内部决定（潘慧娴，2011）。地产商还可以向地政总署提出“修订契约申请”，通过补缴地价，改变持有的土地用途，经验丰富的地产商往往在市场不景气时递交申请，为自己创造盈利空间。

1983 ~ 1993 年，十年间香港地方政府财政收入的 33.5% 来自于卖地（田莉，2008）。到 20 世纪 90 年代末，TOP 10 的大型房地产企业占据香港 90% 的市场份额（田莉，2004）。香港的房地产市场被大财团垄断，由李嘉诚家族、郭氏家族、李兆基家族、郑氏家族、包氏及吴氏家族、嘉道理家族这六大家族控制的财团，均依靠香港最珍贵的天然资源——土地，发家致富。

香港贫富分化严重，2009 年，有 123 万香港人生活在贫困线下，约 10 万人居住在环境恶劣的笼屋[①]。2009 年香港的基尼系数高达 43.4，是居住成本第三高的亚洲城市，置业成本第四高的国际城市（每平方尺 10709 港元，高于

① 笼屋，又称床位寓所，是指一个单位内有多位租户（官方定义为一个单位内有十二户或以上租户），以铁丝网分割围住，并共享厨房、厕所。笼屋被称为“香港光鲜与繁华之外的另一面”，联合国经济及社会理事会多次表示“笼屋是对人类尊严的一种侮辱”。

东京），零售商铺租金高企，在全球排名第二（潘慧娴，2011）。为解决普通居民的住房问题，1973 年 4 月香港房屋委员会成立，负责制定和推行本港的公屋计划，以满足无法负担私营租住楼宇人士的住房需求。公屋是“公共屋邨”的简称，由特区政府出资兴建并拥有产权，以较低的价格租给低收入人群，与内地的廉租房基本相当。香港约有 260 万套住房，为 700 多万人口提供栖身之所，约 48% 的人口以不同形式受惠于政府的住房资助补贴。公屋的人均居住面积约为 12.8 平方米，目前香港的公屋单位约 73 万套，为 209 万市民即全港约 1/3 的人口提供居住服务。截至 2011 年，香港约有商品房 143 万套，住房私有率约为 51%（刘晨等，2011）。

除了地价与年租，香港涉及房地产的税种还包括利得税、物业税、印花税、遗产税和差饷。

利得税：香港《税务条例》规定，任何人士（含法团、合伙业务、受托人或团体）在香港经营任何行业、专业或业务获得的在香港产生或来自香港的应评税利润均须缴纳利得税。利得税的税率是变动的，每一年都有可能不同，如 2007/2008 年度适用于法团的税率为 17.5%，适用于个人的税率为 16%；2008/2009 年度至今适用于法团的税率为 16.5%，适用于个人的税率为 15%。利得税针对出售经营性资产取得的利润征收，香港的房地产属于资本性资产，转让时无须缴纳利得税，但如果税务局认定转让或买卖房地产的行为属于投机类商业行为，则无论征税对象是否居港，根据利润来源地原则均须征收利得税（李晶，2003）。

物业税：不同于内地热议中的“物业税”概念，香港的物业税是每一纳税年度向拥有物业（含土地和楼宇）出租而收取租金的人士征收的一种收益税，该税自 1940 年开始征收。物业税的纳税人包括直接由政府批给土地或楼宇者、权益拥有人（Beneficial Owner）、终身租用人（Tenant for Life）、按揭受益人（Mortgagee）、向注册合作社购买楼宇者以及拥有需要每年缴纳地租或其他费用的房地产人士。物业税的税基为当年的租金收入扣减业主支付的

差饷以及20%的维修支出免税额后的余值，不能追回的租金可获扣减，但如果随后租金收回，则须在收回的年度视作收入计算物业税。物业税的通用计算公式为：物业税税额=（租金收入－业主支付的差饷）×（1–20%）×税率，物业税的税率由政府视需要作年度调整。2007/2008年度税率为16%，2008/2009年度至今税率为15%。对于自用及空置物业，不征收物业税。拥有物业收取租金的有限公司，缴纳利得税，无须缴纳物业税。

印花税：香港征收印花税始于1866年，是对文书征收的税项。《香港法例》指定一些文书必须向香港税务局交付印花税，否则不具法律效力，与不动产相关的此类文书包括不动产售卖转易契、不动产买卖协议以及不动产租约。印花税采取累进税率，香港针对物业文书征收的印花税税率具体如表6-1和表6-2所示。

表6–1 香港买卖或转让不动产的印花税税率

代价款额或价值		收费
超逾	不超逾	
	$2000000	$100
$2000000	$2351760	$100 ＋超逾 $2000000 的款额的 10%
$2351760	$3000000	1.50%
$3000000	$3290320	$45000 ＋超逾 $3000000 的款额的 10%
$3290320	$4000000	2.25%
$4000000	$4428570	$90000 ＋超逾 $4000000 的款额的 10%
$4428570	$6000000	3%
$6000000	$6720000	$180000 ＋超逾 $6000000 的款额的 10%
$6720000	$20000000	3.75%
$20000000	$21739120	$750000 ＋超逾 $20000000 的款额的 10%
$21739120	——	4.25%

注：自2010年4月1日起执行该税率。如所计得的印花税包括不足$1之数，该不足之数须当作$1计算。

表 6-2 香港租赁不动产的印花税税率

年期		收费
无指定租期或租期不固定		年租或平均年租的 0.25%*
超逾	不超逾	
—	1 年	租期内须缴租金总额的 0.25%*
1 年	3 年	年租或平均年租的 0.5%*
3 年	—	年租或平均年租的 1%*
租约内提及的顶手费及建造费等		代价的 3.75%（如根据租约须付租金）；否则如买卖不动产须缴付相同的印花税
复本及对应本		每份 5 元

注：* 将年租 / 平均年租 / 租金总额调高至最接近的 $100 计算，印花税评定不将任何租约内提及的定金计算在内。

资料来源：表 6-1、表 6-2 引自 http://www.gohome.com.hk/mortgage/stamp-duty/.

为控制楼市过热，2012 年特区政府新增额外印花税（Special Stamp Duty）和买家印花税（Buyer Stamp Duty）。在 2012 年 10 月 27 日或以后取得住宅物业的任何个人或公司，在三年内将其转售，须缴付额外印花税，买入后半年内出售的，税率增至 20%；超过半年不足一年的，税率 15%；超过一年不足三年的，税率 10%。所有非本地居民、所有本地及外地公司在香港买楼，须支付 15% 的买家印花税。

遗产税：香港于 1915 年开始征收遗产税，1998 年 4 月 1 日以后，起征点调高为 750 万港元，采取累进税率，超过 750 万港元不超过 900 万港元的部分，税率为 5%；超过 900 万港元不超过 1050 万港元的部分，税率为 10%；超过 1050 万港元的部分，税率为 15%。2006 年，香港立法会通过《2005 年收入（取消遗产税）条例草案》，取消了该税种。

差饷：香港首条《差饷条例》于 1845 年生效，征收差饷的最初目的是为支付维持警队所需开支，当时将其称为“差役饷项”，现已改称“差饷”，差饷的支出也从最初的仅供差役扩展到差役、街灯、食水及消防等饷项（彭赞荣，2005）。差饷是在房产保有阶段向楼宇或物业的占有人征收的一种间

接财产税，业主和物业使用人均有法律责任缴交差饷，除了租约订明由业主缴纳，一般由物业使用人缴交。除少数特殊用途的物业，所有类别的房产，无论私有还是公营，自用还是出租，均须缴纳差饷，具体计算方式为：物业应课差饷租值 × 差饷征收率。物业应课差饷租值是假设在指定的估价依据日期，物业空置出租可取得的合理年租金。1999 年以前，特区政府每三年评估一次，1999 年以后每年都要重新评估。差饷征收率由立法会决定，实际上自 1999 年起，一直维持在 5%，没有变化。为鼓励房屋资源的有效利用，自 1974 年 1 月 1 日起，港英政府废除向空置住宅楼宇退还差饷的措施，新建空置住宅楼宇的“免差饷期”由 6 个月缩短至 3 个月，非住宅楼宇一般需要较长装修期，“免差饷期”维持在 6 个月不变。差饷是香港不动产税中的主体税种，对特区政府的财政收入有着重要贡献。

表 6-3　1999～2004 年差饷收入及占特区政府总收入的百分比　　单位：10 亿港元

年份	1999～2000	2000～2001	2001～2002	2002～2003	2003～2004
差饷收入	12.8	14.4	12.7	8.9	11.1
占特区政府总收入百分比	5.5%	6.4%	7.3%	5.0%	5.5%

资料来源：廖俊平和任作风，香港差饷税征收管理系统介绍，《涉外税务》，2004 年第 8 期。

无论土地、楼房，还是古董、股票，香港没有针对任何资产任何种类的增值税，只是在变更土地用途时收取地价，借以回收部分土地增值（梁振英，2004）。为打击发展商囤积土地投机，特区政府针对土地租约设计了专项“建筑规约”，列明承租人在某个日期之前，须建成不少于一定面积的建筑楼面，否则将对承租人实施罚款或没收土地。

第二节　日本经验：需警惕还是可借鉴

“二战”后，日本缺房户达 420 万，住宅供应严重不足。为缓解住房紧张，1950 年日本颁布《住宅金融公库法》，成立住宅金融公库，对难以从银行等一般金融机构借款购买或建设住房的单位与个人提供贷款。住宅金融公库贷款利率低，采取固定利率，贷款期限可长达 35 年，还贷困难者还可在原有基础上延长 10 年。住宅金融公库由国家出资，融资中出现亏损由国家财政提供补助。

1951 年日本颁布《公营住宅法》，向地方政府修建供低收入人群租赁用的住宅提供补助，补助金额为新建住宅费用的 1/2，翻建住宅费用的 1/3。入住公营住宅必须为携带家属者（单身除外），家庭收入在低档范围（2008 年为四口之家年收入 510 万日元以内），入住采取申请抽签制，房租固定，入住权不得转让。每三年核实一次收入情况，对收入超过入住标准者或提高房租，或请其退房。截至 2004 年，日本公营住宅存量约 219 万户。

但即便如此，到 1955 年日本的缺房户仍有 274 万。为解决住房问题，1955 年日本颁布《住宅公团法》，由国家出资成立住宅公团，建房面向中等收入人群出售或出租，入住公团住宅，采取申请抽签的方式。住宅公团为事业单位，不以盈利为主要目的。据余南平（2011）统计，截至 2005 年，公团住宅存量约 128.2 万户。1981 年，日本“住宅公团”更名为“住宅、都市整备公团”，工作业务由直接提供住宅转向城市基础设施建设，为住宅商品化做准备。

1947 ~ 1949 年，日本年均出生 260 万 ~ 270 万人，出现“二战”以后第一代“婴儿潮”。第一代婴儿潮期间出生的人口进入适婚年龄，于 1971 ~ 1973 年形成第二代婴儿潮（其中 1973 年新增人口 210 万）。20 年后也就是 1992 年左右日本出现人口红利拐点，房地产市场开始步入下行通道。

“二战”后的日本实施出口导向型发展战略，经过 30 年的高速增长，积累了大量的外汇储备。1984 年，美国对日本的贸易逆差达到 462 亿美元，接近美国贸易逆差总规模的 40%。1985 年，日本政府的财政积蓄与外汇储备合计达 545 亿美元，在世界各国中排名第一。1986 年 7 月，日本对外净资产为 1298 亿美元，美国的对外债务为 1114 亿美元，日本成为美国最大的债权国。

为缓解与日本之间严重的贸易逆差，1985 年 9 月，美国主导当时的四大经济强国（日、英、德、法）在纽约广场饭店签署“广场协议”，导致日元迅速升值。协议签署当日，美元对日元的汇率为 1∶242。到 1988 年初，日元汇率升至 1 美元对 120 日元的水平，翻了一倍。进入 20 世纪 90 年代，日元汇率最高达到 1 美元对 80 日元的水平，是签署广场协议前日元汇率的三倍。

汇率升值对出口导向型的日本经济带来冲击，1986 年日本工业出现负增长。为刺激经济，1986 年日本政府在经济对策阁僚会议上通过总额为 3 兆 6320 亿日元的“特别综合经济对策”，并将其中的 2.8 兆用于公共基础设施建设上。此后，资金充裕的日本政府连年增加预算，到 1992 年日本的公共事业投资已占到 GDP 的 6.4%。

在加大投资力度的同时，日本实行了扩张性的货币政策与信贷政策，1986 年日本将基准贷款年利率从之前的 5% 调低至 3%，1987 年进一步调低至 2.5%，基础货币余额同比从 1986 年开始大幅增长，1987～1989 年，每年平均增长率均超过 10%。日本对不动产投资实施优惠政策，通过修改证券交易法、降低企业上市门槛等多种措施吸引资金进入股票市场和房地产市场。

1987 年，日本的住宅用地价格上涨了 30.7%。1988 年，高额利润让丰田汽车、日立电机等实体企业坐不住了，争相进入房地产业。1989 年，日本国土交通厅公示东京银座一幅土地价格每平方米 1 亿 1 千万日元，折合单价 97 万美元，斩获吉尼斯最高地价世界纪录。同一年，日本全国房地产总市值超过 2000 万亿日元，是美国的 4 倍。

面对疯狂的房地产与股市投机，日本选择了主动刺破泡沫。1989 年，日经指数达到 38915 历史高点的前两周，三重野康就任日本银行行长。上任伊始，三重野康不但从言辞上对高房价大加谴责，而且从行动上采取措施，在年内将商业银行贷款利率从 2.5% 提高到 4.25%，一年后将其提高到 6%。1991 年，日本房价与股价同时暴跌，陷入所谓“失去的二十年”。

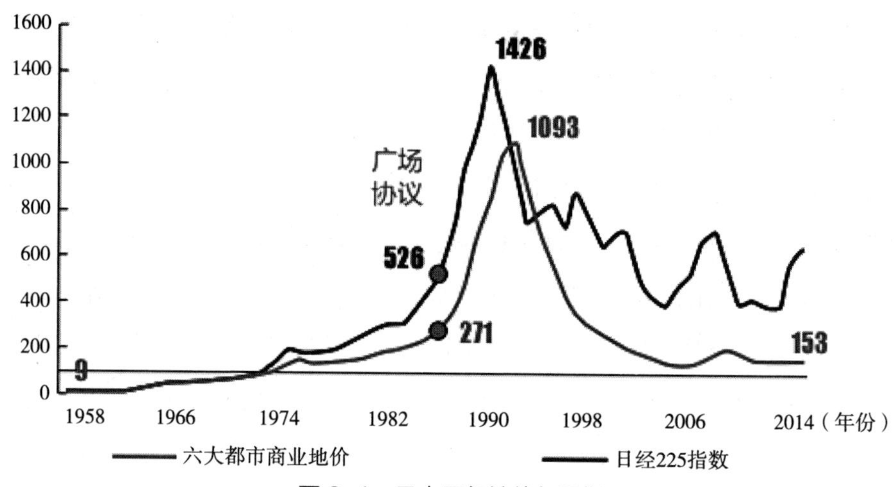

图 6-1 日本历年地价与股指

资料来源：http://cul.qq.com/a/20160518/018722.htm.

1992 年 1 月 1 日，大藏省开征作为国税的地价税，以个人或法人保有的土地为课税对象，按照全国统一资产评估标准评估确定应纳税额，税率为 0.3%（第一年为 0.2%），面积不足 1000 平方米的居住用地、每平方米价格不足 3 万日元的土地以及医院、学校、慈善机构等占用的用于公共目的的土地免征地价税。地价税免征范围广，免税扣除额大，实际征税率低，本来就难以发挥对土地保有的调节作用，随着日本经济步入通缩，1998 年，日本政府停止了对地价税的征收，但税种保留。

目前日本课征的不动产保有税主要包括固定资产税和城市规划税。

固定资产税是日本接受“夏普劝告”开征的地方财产税，以土地、住房和应折旧资产为课税对象，税率为 1.4%。固定资产税实行征税台账制度，市町村政府对土地、房屋、应折旧资产分别设有征税台账和补充征税台账，后者是专为遗漏登记的不动产实际所有人或使用人而准备的。在固定资产征税台账上注册登记的不动产权益人为固定资产税的纳税人，台账上列示的固定资产估价为固定资产税的计税依据。固定资产估价每三年进行一次，由于显著低于市价，所以实际税率（缴纳税金 / 土地价格）较低。据唐明（2007），

1980～2003年，日本固定资产税实际税率为0.11%～0.37%，同期的美国为1%～2%。1991年日本进行了税制改革，使评估价达到了公示地价的70%，再加之1992年以来地价持续下降，固定资产税的实际税率持续上升。固定资产税规定了起征点，土地为30万日元，房屋为20万日元，折旧资产为150万日元。此外，用作公益用途的固定资产以及用作公路等特殊用途的固定资产免征固定资产税。

城市规划税是为筹措城市规划或土地整理所需资金，向规划范围内受益的土地和房屋所有者征收的目的税，以固定资产税台账对土地、房屋的估值为计税依据，税率由地方政府制定，不得超过0.3%。作为地震多发国家，日本对进行抗震翻建和改造的老旧房屋，依据不同条件，减免1～3年不等的固定资产税和城市规划税。对房屋进行节能改造的、残疾人或65岁以上老人需要对100平方米以内的房屋进行无障碍通道改建的，可享受1/3的固定资产税减免。不足200平方米的小规模住宅用地，可享受城市规划税的减免。

1985年9月，日本签署《广场协议》，1986年起日本基准利率大幅下降，国内大量资金投入股市及楼市。当时的日本在金融政策上保持超低利率，人们普遍认为长期贷款利率将持续走低，同时由于经济相对景气，人们对资产收益的预期比较乐观。在预期的带动下，日本资产价格飞涨，出现了严重的房地产泡沫，日本社会开始出现“土地价格绝对不会下降”的所谓“土地神话”。

对于资产价格高速上涨，日本政府并没有采取不作为的态度。1987年，日本设立“土地交易区域监视制度”，列入监视区域的土地交易须获得都道府县知事的许可，达到一定规模的土地交易，即使在监视区域之外，也有申报义务。1988年，日本废除居住用财产置换更新特别优惠制度，利用出售居住10年以上的住宅和宅基地而取得的价款购入新宅、新宅基地时，对原不动产恢复征税。1989年，日本制定《土地基本法》，提出“对土地要适宜地采取合理的税制措施”，开始从土地税制的角度出发考虑土地问题的解决。1991年1月25日，日本制定并通过了《综合土地政策推进要纲》，提出要加强土地税收和对土地的合理评估。1991年4月，日本税制调查会在题为《土地税制改革的基本课题》的咨询报告中，提出“土地税制是解决土地问题的极为重要的手段之一”。1991年日本再次推行税制改革，将固定资产税土地部分的税基提高至公示地价的70%，对保有期2年以下的土地转让加收30%的所得税，引入地价税；1993年起，对划分为“必须宅地化”的城区农地，与宅基地同样征税。

据尹中立（2006）统计，1990年不动产税占日本所有税收以及国民所得的比重分别为6.5%和1.7%，美国当时分别为14%和3.5%。在经济泡沫破灭之前，日本土地税制的问题在于保有环节税负过低，这使土地成为投机炒作的温床，土地的资产价值严重偏离其使用价值，经济泡沫被不断放大。但日本政府一直比较轻视税收在实现土地政策中的作用，更相信并依赖直接的行政管制手段，这使得日本政府错过了税制改革的最佳时机，1991年下定决心推出地价税等一系列改革措施时却为时已晚，日本的房地产泡沫已经破裂，经济开始下滑，地价税的开征不但没有发挥应有的效应，反而令当时的经济形势雪上加霜，地价税不得不于1998年停征。

1991～2000年，日本GDP年均增长率为1.4%，在同期所有发达国家中最低。2001～2010年，日本经济持续通缩，GDP年均增长率下滑到1%以下。虽然以GDP增长率衡量的经济指标不是很理想，但从劳动生产率的角度来看，2000～2015年，日本劳动力人均GDP增加了20%，远远超出同期美国11%的水平。作为世界最大的海外净资产国，资源禀赋先天不足的日本积极通过投资和并购获取海外资产。2001年日本的海外净资产为179万亿日元，2015年海外净资产为339万亿日元，总资产近10万亿美元，是国内GDP的两倍，相当于再造了一个经济实力远超本国的海外日本。2015年日本海外资产的收益达到20.7万亿日元，相当于国内GDP的4%。2016年丰田汽车以2499亿美元营收列日本工业企业第一名，作为全球最大的汽车制造商，丰田年产1000万辆汽车，其中有2/3在海外生产。

据汤森路透2015年发表的全球企业创新排名，全球创新企业TOP100中，日本有40家，美国有35家，法国有10家，德国有4家，无论在研发经费与GDP占比、企业主导的研发经费与总研发经费占比上，还是在核心科技专利数量及专利授权率上，日本均名列世界前茅。中国每年进口的工业品中，排第一位的是集成电路，第二位的是汽车和零部件，中国每年进口的集成电路占全球产量的60%。2016年全球半导体20强排名中，中国没有一家企业入选。2016年全球汽车销量近9400万辆，其中中国自主品牌1000万辆，仅相当于日本丰田汽车一家厂商的年产量。无论集成电路还是汽车产业，均为日本长项。

2016年10月3日，年度诺贝尔奖开奖第一天，日本分子细胞生物学家大隅良典因其在细胞自噬机制上的贡献独获生理学或医学奖，成为自1949年汤川秀树首获诺贝尔奖以来，第20位获得诺贝尔自然科学奖的日籍科学家①。

明治维新以后，日本照搬德国模式发展高等教育，重视科学研究。1995年11月，日本国会通过《科学技术基本法》，明确提出日本以“科技创新立国”作为基本国策。2001年，日本出台第二个科学技术基本计划，提出要在50年内拿30个诺贝尔奖。日本的诺贝尔奖得主大多在国立综合大学，如名古屋大学、东京大学、京都大学等接受基础教育，区别于“教学型”大学，这几所大学以研究为主，“科研至上”的观念根深蒂固。

1947年日本颁布的《教育基本法》，对教育理念、学校制度、教学课程等进行多方面的改革，倡导科学精神。区别于中国传统教育模式，美国和日本一样，同样重视对科学习惯的培养，其小学课表中科学课占相当大的比重。2013年，《美国新一代科学教育标准》发布，从学科核心概念、跨学科概念以及科学与工程实践三部分对中小学的科学教育进行了规划和整合，以培养孩子的科学习惯。

---

① 除此之外，还有两位日裔科学家获得诺贝尔自然科学奖，两位日籍作家获得诺贝尔文学奖，一位日本首相获得诺贝尔和平奖。

第三节 小 结

中国香港除少量私有土地外，土地归国家所有，香港特区政府作为代理人行使管理职责，因殖民形成的历史因素，香港的国有土地又称“官地”。现代社会的土地所有制不能简单地以公有或私有来概括，土地形式上私有，实质上可能具有公有的内涵；土地形式上公有，实质上可能具有私有的成分。香港土地形式上以公有为主，但由于缺乏土地溢价回收的有效机制，土地收益反而更多地被垄断财团获得。

中国香港地区税制简单，没有增值税，取消了遗产税，保有阶段的房地产税包括物业税和差饷，其中物业税类似于内地对出租房屋征收的房产税，差饷以应课差饷租值为计税依据，目前税率为5%，1985年以后对新批租土地以及期满续期的土地收取应课差饷租值3%的土地年租金。由于差饷及年地租均以不动产租值为计税依据，其实际税率较低，对土地与财富的调节作用不理想。香港地区的财政30%以上依赖于与土地相关的收入，税收调节不力的高地价政策使得大房地产商受益，引发当地民众不满。

同中国类似，日本房地产也是在两代婴儿潮的带动之下以及制造业出口大量顺差的贸易环境下发展起来的，但日本的制造业出口以电子产品为主，科技附加值含量及产业本地化程度都很高。中国引进的制造业以中低端为主，易于迁移，难以本地化。在日本，房地产只是一个产业部门；在中国，房地产是一项政策工具，在总体经济中发挥关键作用。日本经济不像中国这样依赖外资，而且也没有实行资本管制，这使得日本在本土之外再造了一个“海外日本”。由于不需要对房地产投鼠忌器，在房价高企的时候，以科技创新立国的日本选择了主动刺破房地产泡沫。显然，面临同样的问题，中国政府需要慎之又慎。

第七章 雄安新区千年大计与中国房地产未来发展

第一节 中国房地产走进新时代

2017年4月1日，中共中央、国务院印发通知，决定设立河北雄安新区，先行开发起步区面积约100平方公里，中期发展区面积约200平方公里，远期控制区面积约2000平方公里。这是继深圳经济特区和上海浦东新区之后，又一个具有全国意义的新区，是以习近平同志为核心的党中央作出的一项重大的历史性战略选择，是千年大计、国家大事。2017年10月18日，中国共产党第十九次全国代表大会胜利召开，标志着中国房地产走进新时代。

在2016年召开的中共中央政治局常委会会议上，习近平总书记指出，新区建设要防止炒作土地等问题，要切实采取有效措施。为筹建新区，从2016年6月开始，雄安新区规划区域内已逐步实行规划、项目、户籍、房地产交易等的冻结。

随着新区设立，企业和人员大量涌入，新区房屋租赁价格不断上涨。据《雄安发布[①]（2017）》，4月1日以后雄县、安新县759家新出租的房屋总体价

① 《雄安发布》微信公众号，六项措施来啦！雄安新区强化房屋租赁市场服务监管，2017年8月29日。

格较上年出现上涨，其中商业类房屋租金上涨平均在10%~20%，住宅类房屋租金涨幅在20%~30%。4月1日后容城县出租的398处房屋房租同比普遍提高了2~4倍，其中商业类房屋租赁价格上涨2~3倍，住宅类房屋租赁价格上涨2~4倍。

为规范房屋租赁市场，新区三县印发并实施了《关于加强房屋租赁市场管理工作的实施意见》，采取严厉打击恶意炒作行为、挖掘现有房源供应潜力、搭建“房屋租赁信息政府服务平台”、建立租赁市场管理联动机制、增加房屋租赁市场供给、加强对租赁市场的日常动态监管六项措施、强化房屋租赁服务与监管。

新区建设尚未全面展开，尽管政府已对房地产一二级市场炒作提前作出安排部署，但由于房地产租赁市场更多是个体之间的交易，其交易行为较易逃避政府监管。同时如果不放开房地产一二级市场，对处于起步阶段的新区政府财政而言将是一个巨大挑战。雄安新区城市开发采用何种模式，成为新区成立伊始摆在新区政府面前的头等大事。

第二节 新加坡模式面面观

2017年4月5日，京津冀协同发展专家咨询委员会副组长邬贺铨做客人民网，对河北雄安新区进行解读时表示：中央将在雄安新区试点全新的房地产改革，找出一条既能够发展房地产，又能够控制房价，既适合创业者，又能推动城市经济的房地产改革新道路。邬贺铨指出：除了传统的模式，发展房地产还有很多思路，例如新加坡模式，政府直接管理部分土地，建成廉租房，房价很便宜，提供给有需要的人。中国工程院主席团名誉主席、京津冀协同发展专家咨询委员会组长徐匡迪在6月6日举办的“中国城市百人论坛2017年会”上指出：“雄安新区的发展，绝不被房地产商绑架。所以这次我们要做一个彻底的变化，为中国今后城市发展尝试走一条新的路子。”

新华社 2017 年 4 月 14 日电，中共中央政治局常委、国务院副总理、京津冀协同发展领导小组组长张高丽就“设立雄安新区”接受了新华社记者独家专访。张高丽表示，习近平总书记强调指出，雄安新区千万不能搞成工业集聚区，更不是传统工业和房地产主导的集聚区，要在创新上下功夫，成为改革先行区。“新加坡模式”成为雄安新区城市开发新模式的热议选项。

邬贺铨所说的“新加坡模式”主要是指新加坡的“组屋”制度。“组屋”是由新加坡建屋发展局建造的公共住宅，组屋的初级市场只面向新加坡公民，新加坡永久居民可在转售市场购买组屋，外国人则只能购买私有住宅。组屋的初级市场价格是由政府根据居民平均收入水平拟定的，转售市场主要面向占总人口比例 15% 的新加坡永久居民，故转售市场价格也较为稳定，新加坡有 82% 的人口居住在政府提供的组屋里。

新加坡国土面积约 718 平方公里，仅相当于雄安新区未来建成区面积的 1/3，2014 年人口统计为 547 万，人均国民收入超过 5.5 万美元。1965 年独立后，新加坡通过强制征收私人土地积极推行土地国有化。1960 年，新加坡国有土地仅占 44%，当前国有土地约为 90%。

新加坡的国有土地所有权分别由律政部所属国土局及法定机构公用事业局、港湾局、建屋发展局等行使，建屋发展局、市区重建局、裕廊管理局、港湾局等都有一定的土地收用权。其中，市区重建局收用土地主要用于城市开发与改造，建屋发展局收用土地主要用于建设公共住宅，裕廊集团收用土地主要用于提供工业厂房租赁。

新加坡的国有土地采取批租的方式进行竞标转让，国家发展部、贸工部和财政部根据当年的财政预算制订土地供应计划，住宅用地由市区重建局组织批出，工业用地由裕廊管理局组织批出。国有土地使用权的出让期限一般为居住用地 99 年，娱乐场所用地 15 ~ 30 年，厂矿等生产用地 60 ~ 90 年，文化教学用地 30 年。此外，还有少量政府用地的使用权为 999 年。

依照《财产税法案》(Property Tax Act)，新加坡财产税对“所有房屋、建筑、土地和公寓的年度价值按其某一税率或复合税率”征收。新加坡财产税开征始于1961年1月1日，计税依据为不动产的年租金，覆盖城镇与乡村。为鼓励自住购房，所有者自住房产税率为4%，其他类型房地产税率为10%。1974年开始，对拥有住房或土地的外国人，在正常的财产税外加收10%的附加捐。

新加坡财产税对不动产（含政府组屋）的权益人课征。权益人包括当前收受目标不动产租金收入的人。因此，不动产的代理人或收款人有可能会成为财产税的纳税人。正在建设中的建筑工地要缴纳财产税，1985年新加坡的经济出现衰退，1986年7月1日起有效开发中的土地免缴财产税，免税期最长可达5年，随着经济形势好转，这一免税政策已被撤销。在施中的建筑以及非法建筑均须缴纳财产税。

公共的宗教信仰场所、公立学校、用于公共慈善事业及社会发展用途的建筑可予免税，但须当事人提交免税申请。1974年《财产税（附加捐）法规》（Property Tax (Surcharge) Rules）规定，新加坡公民、永久居民、经政府核准的个人以及在新加坡开张营业活动并在当地登记注册的外国企业，享受附加捐豁免待遇。

新加坡只有一级政府，1961年地方当局被废止，财产税收入直接划入统一基金，没有被指定专门用途。

第三节　上海的“英、美、法租界”经验借鉴

1840年爆发的鸦片战争，为西方国家在中国设立租界铺平了道路。租界的设立，使得城市在中国社会生活中的地位越来越重要，城市土地尤其是租界土地的价值日益凸显。与租界的建设和发展相适应，一套日臻成熟的不动产税收体系逐渐建立起来。

虽然我国很早就有廛布、间架税一类对于城市房屋的课税，但对城市土

地课征专门的税种，还是从近代设立租界开始，其中尤其以上海的“英、美、法租界”最具代表性。

1842 年中英签订《南京条约》，上海被列为通商口岸，允许英人贸易居留。1845 年，中英签署《土地章程》，确定了上海租界建立的若干基本原则。1847 年 12 月 31 日，上海道台宫慕久向英国人签出第一份道契，标志着道契制度[①]的建立与实施。租界由中国政府划定界址，在外国领事的参与下，江南海关监督暨苏松太道派员会同办理租地勘丈、审核、发证等手续，外国租地人须向业主交付一笔相当于地价的租银，并按时提前向官方指定的银号交付年租。

就土地制度而言，清政府与英国均实行“王有制”，所有权与使用权分离，中国江南的永佃制与英国封建社会形成的地产权（Estate）制度彼此相通，成为双方都能接受的永租制的基础。从中央到地方的政府官员逐渐开始懂得对土地溢价进行回收，如南宁等租地章程规定：“各地段商人如有争先租赁者，应照拍卖之法办理，”《奉天各商埠租地简章》特别要求：“此系现时价值，将来地方兴旺，地价日涨，应随时按照公平办法，商议加价。”

洋人租用租界土地，须向中方缴纳押租与年租。1854 年 7 月 11 日，英、法、美三国公使对 1845 年的《土地章程》单方面进行了修订，通过了《上海英法美租界地章程》，规定“租地人押租一次性交付中国业主，年租直接交给中国政府”。由于退租的决定权在租地方，道契名为永租，实同买卖，在清末通过向清政府缴纳押租与年租以换取对租界土地的永久使用权，已成为一种普遍现象。

道契制度的成功及其基于对产权的保护而衍生的良好信用，使得上海的买办阶层乐于向洋商协商，由洋商出面租赁土地，再签给买办权柄单，以示土地实为委托人所租得，从而衍生出所谓的挂号道契。受道契以及挂号道契

① 所谓道契，即“出租地契”，因须送苏松太道署盖印发给，俗称“道契”，道契的特点是借鉴了当时中国农业土地盛行的永佃制，采取“永租”的方式，土地所有权归大清政府，租地人拥有的是土地使用权。

的启发，后来华商又发展出“华商道契”，由上海会丈局参照道契体例，发给华商文契，明确华人的租地使用权。从“道契”到“挂号道契”再到“华商道契”的制度演变，晚清的中国发展出一种基于国家所有制的“城市永久土地使用权制度”或称“城市土地永租制”，既维护了土地的国家所有，又保证了土地的高效率使用，是很值得我们今天借鉴学习的一项制度创新。

租界土地租用者除了向清政府当局缴纳押租与年租之外，还要向租界当局缴纳房捐与地产税。

虽然有英、法、美三国商人在上海开埠经商，但租界建立后不久，即成立了道路码头公会这样统一的自治组织。1854 年 7 月，在签署《上海英法美租界租地章程》的同时，英、法、美三国公使在英领事馆内召开租地人会议，决定解散英租界道路码头公会，成立管理三国租界共同的市政机构——“工部局”。1862 年 4 月，法国领事宣布单独成立大法国筹防公局，随后改称公董局，脱离工部局自成一体。

无论是道路码头公会，还是工部局、公董局，都拥有对辖区内居民课税的权利，房捐、地产税是税收的重要部分。工部局 1854 年确定的土地捐税率为 0.5%，据马学强（2002）统计，1921 ~ 1936 年，房捐、地税两项收入在工部局收入总数中一般保持在 70% 左右。赵津（1994）对上海的公共租界地捐税率及其变动情况作了统计，情况为：1866 年按地价征收 2.5‰、1874 年为 3‰、1884 年为 4‰、1898 年为 5‰、1908 年为 6‰、1919 年为 7‰。法租界 1872 年开征地捐，初期税率为 4‰。

英美租界在租地人会议的基础之上建立起“纳税人会议”这样的自治机构，规定“必所执产业地价计五百两以上，每年所付房地捐项，照公局（即工部局）估算计十两以上（各执照费不在此内），或系赁住房屋，照公局估每年租金计在五百两以上而付捐者”，才可以“议事发阄”，即具备选举资格。不动产财产税的缴纳数量成为决定当时英美租界纳税人政治权利的重要指标。

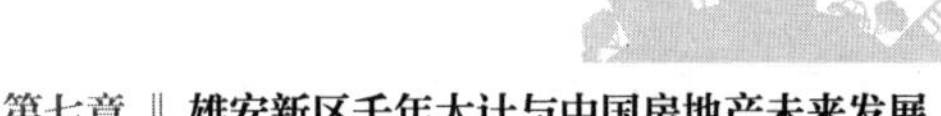

第四节 千年大计与雄安新区城市开发模式

新加坡和中国香港同为小型发达经济体，二者均为亚洲通商口岸，国际金融中心。新加坡有 82% 人口居住在政府提供的组屋，中国香港有 1/3 人口居住在政府提供的公屋，虽然中国香港的经济有内地作为依托，但新加坡更注重对制造业的培育，中国香港更注重发展房地产业，新加坡人均 GDP 远超中国香港。

与新加坡和中国香港相同，中国内地也是采用土地公有制。中国内地的土地拍卖制度学的是中国香港，公积金制度学的是新加坡。如果用中央财政举全国之力建设雄安新区，我们也可以考虑采用“新加坡模式”或“香港模式”，大量建设保障性住房。虽然雄安新区定位为北京非首都功能集中承载地，作为带动京津冀协同发展的引擎，雄安新区只能是河北省的一个行政区域。2017 年 7 月 18 日正式成立的中国雄安建设投资集团有限公司，注册资本 100 亿元，企业类型为有限责任公司（国有独资），唯一股东为河北省人民政府。

大量建设保障性住房并非国际通例，“新加坡模式”有其独特性。“中国香港模式”保障性住房比例比新加坡低很多，但中国香港政府过于依赖房地产业，对房地产规制不足。香港地区差饷的实际税率只有 0.2%～0.3%，税率偏低，不能发挥房地产税对房地产市场的调节作用，反而造成很多社会问题。作为千年大计，雄安新区不能只着眼于自身的发展，还要致力于创新社会经济发展模式，为中国经济的持续增长树立标杆。

雄安新区初期建设投资将达 5000 亿元，总体投资规模将达数万亿元。市场在资源配置中的决定性作用以及建设资金的现实需求决定了雄安新区的开发应以市场为主，出于吸引人才以及社会公正的考虑，新区政府还应配建一定比例的保障性住房。因此，雄安新区应采取市场为主，保障为辅租售并举的城市开发模式。

但房地产税缺位的房地产市场是无效的市场，因为房地产税缺位会让房地产市场自发地走向市场失灵。区别于普通商品，房地产兼具消费品与投资品双重属性。作为消费品，房地产应符合供求关系决定价格的价值规律，但多数情况下，房地产不能自动实现市场出清，房地产税缺位的市场必然导致房地产投资需求自我实现，同时房地产带有金融属性，能够通过房贷和开发贷创造信用，增加 M2 供给，双重因素的叠加使得房地产市场繁荣具有自我强化的特征。在房地产税缺位、房地产市场投机严重的情况下，不得不由政府出面，动用宏观调控政策，抑制房地产市场的自发失灵。

世界各国普遍开征了房地产税，基本功能主要有两个：为地方政府提供稳定的税源以及促进对于土地的有效利用。在我国，开征房地产税除了上述作用之外，还有特殊的含义，就产业政策而言，开征房地产税有助于纠正房地产市场失灵，促进经济内生增长，就国家治理而言，有助于形成以公共财政约束地方政府的治理机制，利于国家长治久安。开征房地产税是社会主义的内在要求，是社会共和精神的试金石。

2003 年党的十六届三中全会首次提出“实施城镇建设税费改革，在条件具备时对不动产开征统一规范的物业税，相应取消有关税费”以来，社会各界对于房地产税开征始终无法达成共识，而雄安新区的设立，为房地产税试点创造了条件。我国房地产 1998 年以来长达 20 年的长期繁荣发展是建立在土地红利、人口红利、资本红利、制度红利和全球化红利这五大商业红利的基础之上，是天时、地利、人和的结果[①]。在各项红利逐渐消退的今天，我国

① 五大商业红利可进一步概括为“天时、地利、人和”。所谓“天时”，是指中国的改革开放恰逢世界范围内的产业转移与金融大发展；所谓“地利”，是指中国于 1982 年启动房地产市场之初通过宪法将城市土地宣布为国家所有；所谓“人和”是指新中国成立后分别于 1963 ~ 1971 年及 1987 ~ 1990 年爆发两次“婴儿潮”，形成了中国房地产的购房大军。

应从大战略的视角出发，以房地产税改革为突破口，积极试点，稳步推进，在地方政府层面大力推行地方公共财政建设，再造制度红利，凝聚社会共识，建立起一个符合社会历史发展规律、具有中国特色并有助于加快推进我国社会主义现代化进程的不动产税制。

虽然集体建设用地直接入市成为时下坊间热议的话题，为保证新区建设只许成功不许失败，建议由中国雄安建设投资集团有限公司垄断新区土地一级市场，制订土地年度批租计划。改革土地批租制度，实施千年大计，将原批租 40 年、50 年、70 年不等的土地使用期限统一调整为永久（中国传统模式）或 999 年（英国模式），土地使用权随房地产建成过户之前，对土地使用方收取土地使用税，税率不低于已建成房地产房产税税率。①

对过户到个人或机构名下的新建房地产开征房地产税，雄安新区的新建房地产开征房地产税可以不设起征点。如果考虑起征点的设立，对住户而言，由于一家三口需要的基本住房面积为 90 平方米，房地产税的起征点应不小于 90 平方米 / 户，18 周岁以下的未成年人不得单独立户。具体起征点可设为 90 ~ 120 平方米 / 户，免征额为基准时点城市平均房屋单价乘以起征点建筑面积后的房价总额，低于此一额度的房屋，免予征收房地产税。②

考虑到目前的房产税试点以及将来与存量房地产税收的并轨，新建成的房地产税含房产税与土地使用税两项，以房地产评估值为计税依据，低于房地产市场价值。税率采用差别比例税率，其中房产税税率为 0.5% ~ 3%③。土地使用税税率为 0.3% ~ 1%，低于未建成的土地使用税税率，别墅等低密度房

① 鉴于住宅用地宗地出让面积不得超过 300 亩，300 亩住宅用地的建设周期一般为 3 ~ 5 年，在特定情况下，为支持项目投资建设，可以 3 ~ 5 年为限（高层就高，低层就低），在时限范围内适用较低的土地使用税税率甚至调低为零税率，超过时限后调高税率，督促开发商有效利用土地。

② 为避免出现“假离婚”现象，可对 55 岁以下的单亲家庭及有婚史的单身家庭适用较低的起征点，如设为 60 平方米 / 户，弱化乃至消除假离婚的“收益”。生活确有困难的，可依法申请政府救济，但该缴纳的房地产税不予免除。

③ 目前上海的房产税税率为 0.4%、0.6% 两档，重庆的房产税税率为 0.5% ~ 1.2%。

地产税率高于营业用房地产与普通住宅。[①] 为遏制市场投机，购买多套住宅税率累进提高，使其边际收益不高于社会平均利润率。

由于是新区，对于存量房地产，可以在二次交易收取足够高的增值税回收土地溢价之后，纳入房地产税征收体系。也可以适时逐步开征房地产税，鉴于存量房地产大部分已由开发商缴纳了 40 年、50 年、70 年不等的土地出让金，在土地批租期满以前存量房地产土地使用税适用零税率[②]，房产税税率同新建成房地产。

雄安新区房地产市场启动之初，将不得不对购房资格进行限制，只有在新区工作满 2 年或以上并按规定缴纳社保，取得一定积分以后的人才具有购房资格。但户籍概念将在雄安新区逐步淡化，只要是雄安新区房地产税的纳税人，就应该享有相应的社会福利与社会保障，来了就是雄安人。[③]

① 鉴于受电商冲击，实体店经营困难，目前普遍出现住宅与商铺价格倒挂的现象，建议营业用房地产与普通住宅采用同一税率，在特殊情况下，甚至可以低于普通住宅以带动实体商业。

② 以存量房地产土地使用权 70 年为例，当初土地拍卖时没有土地使用税开征的预期；新建房地产土地使用权为永久或长期，但在土地拍卖同时明确告知土地使用人要承担土地使用税，在此情况下 70 年土地使用权的地价与永久或长期土地使用权的地价差额应为 70 年土地使用税的折现。因此，不影响对房产税的扩征，在使用期限之内，70 年土地使用权的土地使用税可适用零税率。土地使用税单独设立是为了让新建房地产与存量房地产在同一个税收体系之内能够兼容，同时这也是土地国家所有制的一种制度表达。

③ 雄安新区也可以不实行限购，但借鉴新加坡财产税的附加捐，对未达到相应积分的购房者征收较高的房地产税率。

第八章 中国房地产：从黄金时期到新时代

1982 年《宪法》宣布城市土地归国家所有，1994 年实施分税制改革，2001 年加入世界贸易组织，这一系列事件，本意都不是为了发展房地产，但却为中国房地产的长期繁荣做好了制度铺垫，创造了发展环境。

1998 年中国启动房改，逐步实行住房分配货币化；2000 年除政府部门及部分事业单位，彻底停止福利分房。2002 年，国土部签发《招标拍卖挂牌出让国有土地使用权规定》，明确国有土地出让“招、拍、挂”的三种形式；2003 年，国务院将房地产确立为国民经济的支柱产业；2004 年，国土资源部联合监察部下发《关于继续开展经营性土地使用权招标拍卖挂牌出让情况执法监察工作的通知》，要求自 8 月 31 日后，不得采用协议方式出让经营性土地使用权。

1998 年启动房改至 2017 年，中国房地产进入黄金时期，取得了长达 20 年的繁荣发展。2013 年，商品房销售面积为 130551 万平方米，销售金额 81428 亿元，创历史纪录；2016 年，商品房销售面积为 157349 万平方米，销售金额 117627 亿元，再创历史新高。在这个过程中，2010 年中国出现 GDP 高增速拐点、2012 年出现人口红利拐点、2013 年城镇户均超一套住房，2015 年对外出口、外汇储备开始出现负增长。中国的房地产发展穿越了所有这些扰动，持续繁荣至今。

虽然单一因素对某一时期的中国房地产的繁荣有解释效力，但却不足以说明 1998 年以来中国房地产的长期繁荣现象。2010 年以后，中国的 GDP 增速放缓，家庭储蓄率下降；2012 年人口抚养比回升，人口红利出现拐点；但随后的 2013 年、2016 年两年，中国房地产迭创新高，无论是经济增长还是人口增长，都不足以解释中国的房价增长，更何况其趋势还出现了背离。

我们的研究表明：土地红利、人口红利、资本红利、制度红利、全球化红利 5 大红利共同促成中国房地产的长期繁荣。在这 5 大红利中，土地是核心，如果将中国房地产比作一辆豪华跑车，那么土地是发动机；人口、资本是燃油；制度与全球化是传动系统。土地是供给端，人口和资本是需求端，其中人口的需求是刚性需求，资本的需求是投资性需求，作为传动系统的制度和全球化则放大了对于供给端土地的总需求。五大商业红利可进一步概括为“天时、地利、人和”。所谓“天时”，是指中国的改革开放恰逢世界范围内的产业转移与金融大发展；所谓“地利”，是指 1982 年中国启动房地产市场之初通过宪法将城市土地宣布为国家所有；所谓“人和”是指新中国成立后分别于 1963 ~ 1971 年及 1987 ~ 1990 年爆发两次“婴儿潮”，形成了中国房地产的购房大军。

作为可以抵押和保值的大宗资产，土地是货币信用创造的重要工具，土地红利本身也是资本红利。通过抵押贷款、吸引外商投资、工业用地低价出让扶持制造业出口创汇，土地全方位参与了中国的货币信用创造，成为人民银行之外的另一个中央银行——土地银行。土地红利的存在是基于国有土地制度的建立，因此土地红利是制度红利的体现。土地红利通过补贴中国制造使土地作为不可贸易品变得可以贸易，参与了全球化红利的实现。简言之，土地是 5 大要素中的核心要素，土地红利同时也是资本红利，它是制度红利的体现，参与了全球化红利的实现过程。

以土地为利润基础，在地方官员特有的行为激励机制推动之下，中国形

成自身独特的经济增长模式。从土地国有制到分税制改革，这一模式在开始时并没有谁进行有意的设计。但随着人口红利与产业全球化转移时代的到来，很多看似不相关的因素汇聚到一起，形成一个正反馈系统，再与房地产的内在属性相结合，带来中国房地产近 20 年的长期繁荣。很多人因房价上涨而受益，认为自己投资有眼光，拥有财产性收入理所当然。最令人担忧的是很多政府官员认为中国的房地产繁荣发展与经济高速增长完全出于自己的管理有方，因而陶醉于过去的成功经验，却不理解背后各种偶然因素的汇聚融合，无视经济环境的变化消长。彭真在 1982 年主持修宪的时候应该没有想到 1998 年之后中国房地产的大发展，但他必定认为自己是在做正确的事情。正确的做事，做正确的事，会形成正反馈，反之则反是。政府只有坚持做正确的事情，才能为经济增长与社会发展创造空间。

2013 年中国房地产的“黄金十年”宣告结束。2013 年末，习近平总书记提出“新常态”的说法。当业内人士对“房地产新常态”做好心理准备，以各种论坛、演讲的方式缅怀旧时光，筹划下半场时，2016 年的“去库存”再创房地产历史新高度。在这种情况下，政府不得不紧急出台“一城一策”调控政策，以最严厉的方式压缩交易，降低流动性，维稳房地产市场。

土地、人口、资本、制度、全球化这 5 大商业红利组成一个对中国房地产价格进行正反馈的耦合系统，形成一个拉动房价增长的加速机制。如果没有外力的干预，在这 5 大因素的带动之下，中国的房价只会涨得更高，离经济基本面更远。在这种情况下，政府出台房地产宏观调控政策有其内在的合理性，但由于政府在调控市场的同时没有致力于长效机制的建设，在调控合理性的背后，暗含着一个内在的困境，即政府越调控，作为市场参与方的购房者越相信房价会进一步上涨，从而带来调控政策的两难。在限购、限贷、限价政策之外，2017 年政府又出台“限售”政策，规定购房者在取得房产证后的一定期限内不得上市交易。据统计，2017 年全国限售城市已增至 50 个，东营、聊城、柳州等三四线城市也加入了限售行列。为了维持房地产的

“新常态”，调控手段不得不进一步迭代升级。

“房地产新常态”面临信用收缩的金融大环境。2016 年，中国金融业在 GDP 中占比达 8.4%，超过美国的 7.2%、日本的 4.4%、德国的 4.1%。相对而言最具可比性的日本，1990 年房地产泡沫与股市泡沫达到顶峰时，金融业增加值占 GDP 比重也仅为 6.9%。央行缩表、机构降杠杆，货币宽松、信贷宽松的金融环境已向信用收缩转变。

类似我国，日本房地产也是在两代婴儿潮的带动之下，在制造业出口大量顺差的贸易环境下发展起来的。但日本的制造业出口以电子产品为主，科技附加值含量及产业本地化程度都很高；中国引进的制造业以中低端为主，在选址上容易受成本因素的影响。但相比而言，也有对中国有利的因素。1989 年，日本 65 岁以上人口占比达 11.56%，城市化率已达到 77%。据国务院印发《国家人口发展规划（2016 ~ 2030 年）》（以下简称《规划》），2015 年，我国常住人口城镇化率为 56.1%；预计到 2020 年，城镇化率将达 60%；到 2030 年达到 70% 后，才接近发达国家城镇化水平。

《规划》明确，到 2020 年要实现 1 亿左右农业转移人口和其他常住人口在城镇落户，全面提高城镇化质量。2016 ~ 2020 年，户籍人口城镇化率年均提高 1 个百分点以上，年均转户 1300 万人以上。加快推进以人为核心的城镇化，必然要求为常住人口提供充分的居住空间，如此方能促进有能力在城镇稳定就业和生活的农业转移人口，举家进城落户。就人口流向而言，虽然以“瑷珲—腾冲线”为界的全国人口分布基本格局保持不变，但人口将持续向沿江、沿海、铁路沿线地区聚集，城市群人口集聚度将会持续加大。

沿江、沿海的东、中部城市群房价较高，已成为我国进一步城镇化的制约因素，同时我国 2013 年房地产用地供应量达到 20.32 万公顷的历史峰值之后逐年减少，2016 年进一步减少为 10.75 万公顷，国务院在其印发的《全国国土规划纲要（2016 ~ 2030 年）》中多次提出要严格控制新增建设用地。因此，要有效推动城镇化进程，不能只依靠增量，还要着眼于房地产存量市

场，两者同时发力，为推动我国城镇化进程创造条件。2016 年全国二手房交易额超过 6.5 万亿元，规模占住房交易总额的 41%，其中一线城市北京、上海和深圳二手房成交金额分别占总交易额的 73%、71% 和 63%；二线城市南京、厦门、福州二手房交易额分别占总交易额的 52%、67% 与 60%。相比而言，美国二手房成交比例长期维持在 90% 以上，我国住宅二级市场仍有增长空间。

目前的经济形势错综复杂，特朗普当选美国总统，为经济全球化蒙上了一层阴影。制造业出口与房地产投资曾经是中国经济增长的两大利器，现如今前者因成本上涨比较优势已不复存在，产业转型升级尚无法在短期内立竿见影；后者因多年投资需求的释放已令房价高企，持续上涨缺乏支撑，在人民币加入 SDR 之后，这一困难更显严重。

大好形势可以消化某些瑕疵，但瑕疵毕竟是瑕疵，不能因为形势一片大好，反而认为是瑕疵造就了大好形势。地方政府的机会主义行为必须要有所约束，政府和市场划清边界之后，在政府提供有效监管的同时，市场要真正发挥其决定性作用。

低端产能容易过剩，在制造业大发展的阶段，应提前规划未来的产业布局。现在制造业成本优势已不再明显，除了华为等具备一定竞争优势的科创企业可以抢占国际市场，整体产业的转型升级面临很大压力。当然，差距同时也意味着发展空间，政府在呼吁“大众创业，万众创新”的同时，更要扎扎实实地进行教育改革，提倡“科技创新”，政策制定既要追求当期效应，更要着眼远期发展。

即使对于国有企业，都要尽量用市场而非行政的手段进行管理，“三去一降一补”针对的应该是国有企业，“结构调整”应该是国有企业的结构调整；对于民营企业，市场经济会自发地对其进行优胜劣汰。通过国企改革，要为民企创造更广阔的市场空间，要对民间资本开放教育、医疗等行业准入，而不是以做强、做优、做大国企为名，挤压民企的生存空间。

人民币国际化，取得国际货币定价权，需要建立在国家经济实力而不是金融自由化的基础上。在人民币国际化的政策目标下，为了留住流动性，国内资本市场有意打造一个繁荣的证券市场，结果酿成股灾。如果没有国内实体经济的支撑，金融自由化是一个灾难。在全球经济衰退、经济全球化放缓的今天，更加需要强调中国定力。

在当前的经济形势下，税收国际化比人民币国际化还要重要。世界各国普遍对房地产开征保有税。对中国而言，房地产税是实现房地产市场健康发展的长效机制，有利于为地方政府提供持续稳定的财政收入来源，有利于约束地方政府的“机会主义行为”，有利于土地合理利用与经济内生增长。本轮房价上涨已脱离经济基本面，房地产蜕变为金融投资品，政府再不出手，经济风险将急剧增加，应急调控也是迫不得已。本届政府虽然有意淡化房地产的经济作用，但在形势的逼迫下不得不将房地产作为金融对冲的政策工具，反映出目前经济形势的复杂与改革的难度。中国应逐步实现房地产税、财富转移税、资源税等税收与国际接轨，为金融国际化构筑防火墙与护城河。

经济新常态增加了推行房地产税的难度，在政府的隐性担保之下，房价高企形成“刚性泡沫”（朱宁，2016）。为避免刺破经济泡沫，房地产税制改革要讲求方式方法，通过开展城市试点总结经验，渐进实施。2015 年我国住房租赁市场交易额超过 1 万亿元，租赁人口达 1.6 亿人，占总人口的 12%，但与美、日 30% 的租赁人口占比仍有较大差距。为稳定市场，在扩征房地产税的同时，要大力发展租赁市场，活化闲置房产的沉没效益，以利于房产持有。

结构调整、产业转型对投资、出口、消费传统“三驾马车”提出新要求。当前中国经济整体处于去杠杆周期，地方政府与企业普遍面临债务压力，政府投资将以“稳”字当先，类似之前“四万亿”的强刺激政策难以再现。同时传统产业的外贸出口面临较大压力，发达国家外需增长不明显，部分国家对中国出口的贸易壁垒仍然存在；与越南、菲律宾等东南亚国家相比，我国劳动密集型产业已基本无比较优势。在新的经济形势下，消费成为经济增长

的核心驱动力，“扩内需、促消费”已成为新时期经济发展的关键词。

2000 年开始，中国消费占 GDP 的比例加速下滑，直到 2010 年降到 35% 的最低值，然后开始缓慢回升，但一直到 2015 年，仍未超过 40%。美国消费占 GDP 的比例长期以来一直在 65% 左右，显示出中国的消费与服务业仍有很大的增长空间。

数据对比很能说明问题。同样处于经济的繁盛时期，1989 年，日本人均 GDP 为 23472 美元，出境游客 966 万，占总人口的 7.85%；2016 年，中国人均 GDP 只有 8576 美元，出境游客却有 1.22 亿，占总人口的 8.56%。中国已连续多年成为世界最大的旅游输出国，每年居民海外旅游支出达 1 万亿元，带来巨额的服务业贸易逆差。同时中国的家长舍得对下一代进行教育投入，2014 年，中国留学生占全美外国留学生的比例上升到 31%。

中国的经济仍有增长空间，但从金融、通信到文化、教育，中国的服务业大部分被国有资本控制，导致产业活力不足，难以参与国际竞争。就制度供给而言，政府应注重长效机制建设，提供有效监管，减少行政干预，让市场在资源配置中发挥决定性作用。若如此，中国经济有望再次焕发生机。

2017 年 4 月 1 日，中共中央、国务院印发通知，决定设立河北雄安新区。2017 年 10 月 18 日，中国共产党第十九次全国代表大会胜利召开，标志着中国房地产走进新时代。从经济进入新常态到中国特色社会主义进入新时代，党的十八大以来中央提出各种新的表述，“苟日新，日日新，又日新”，体现了以习近平为核心的新一届领导集体不忘初心、牢记使命、善作善成、历久常新。

新时代不是自我标榜，而是自我警示。经济上，经过 20 多年基于比较优势的高速发展，中国经济已进入转型升级、以竞争优势论高下的变速换挡期；政治上，塌方式腐败影响到党和国家生死存亡，只有严肃执纪问责，实行巡视全覆盖，“打虎”“拍蝇”“猎狐”，才能实现海晏河清；国际环境上，种族恐怖主义肆虐，区域分裂主义抬头，逆全球化潮起。无论从国内形势还是国际环境看，我国社会目前都处于一个新的发展阶段。党的十九大报告发布后，经济学界纷纷召开研讨会，论证“两阶段三步走”目标实现的可行性，结论是普遍乐观的。相对而言，党的十九大报告没有因为进入新时代而盲目自信，而是清醒地认识到我国社会发展面临新的矛盾，并提出了建设现代化经济体系的具体措施。“两个一百年”目标宏伟远大，党中央为目标的实现规划并提出了具体的路线图与时间表，充分体现出中国共产党不但胸怀伟大梦想，而且具有建设伟大工程、推进伟大事业的能力、定力与实力。

党的十九大报告充分体现出以习近平为核心领导集体的自信、开放与包容。党的十九大的主题是：“不忘初心，牢记使命”，高举中国特色社会主义伟大旗帜，决胜全面建成小康社会，夺取新时代中国特色社会主义伟大胜利，为实现中华民族伟大复兴的中国梦不懈奋斗。党的十八大的主题是“为全面建成小康社会而奋斗”，党的十九大鉴于到2020年全面建成小康社会胜利在望的事实，从精神层面提出更为高远的目标：“为实现中华民族伟大复兴的中国梦不懈奋斗。”

党的十八大报告认为中华民族伟大复兴展现出光明前景，党的十九大报告进一步赋予民族复兴以至高地位，报告称：“中国共产党的初心和使命，就是为中国人民谋幸福，为中华民族谋复兴。这个初心和使命是激励中国共产党人不断前进的根本动力。”党的十九大报告中有四个伟大：伟大斗争、伟大工程、伟大事业、伟大梦想，其中伟大梦想是目标，统摄其他三个“伟大”。

党的十九大报告对“中国梦”进行了具体诠释：“实现中华民族伟大复兴是近代以来中华民族最伟大的梦想。”关于文化，党的十九大报告作出全新表述：“中国共产党从成立之日起，既是中国先进文化的积极引领者和践行者，又是中华优秀传统文化的忠实传承者和弘扬者。”党的十九大报告提出“要坚持为人民服务、为社会主义服务，坚持百花齐放、百家争鸣，坚持创造性转化、创新性发展，不断铸就中华文化新辉煌”。

恰如习总书记所言，坚定中国特色社会主义道路自信、理论自信、制度

自信，说到底是要坚定文化自信。文化自信，是更基础、更广泛、更深厚的自信。以胡适为代表的中国近代自由主义者鼓吹“全盘西化”，认为近代中国的落后是由中国的传统文化造成，应该打倒“孔家店”，党的十九大报告的全新论述，是对“全盘西化论”的拨乱反正，有利于团结一切有志于实现中华民族复兴的力量，共同建设有中国特色的社会主义。多年来，新儒家以及海外有觉知的华裔人文学者持续呼吁对“中国传统的创造性转化”，如今中国优秀传统文化终于不再“花果飘零”，而是呈现出老树新枝、新苗竞发、万木成林的新气象。

“美好生活”一词在党的十九大报告中多次出现，这是一个政治哲学的概念，国内外学者对其有系统阐述。立足本土文化，吸收外来文化，充分体现出自信、开放、包容的大国、强国态度，能这样做的政党，是有生命力的政党。

财政是国家治理的基础。党的十九大报告对财政体制作出如下表述：“加快建立现代财政制度，建立权责清晰、财力协调、区域均衡的中央和地方财政关系。建立全面规范透明、标准科学、约束有力的预算制度，全面实施绩效管理。深化税收制度改革，健全地方税体系。”1994 年实施分税制改革以来，国家治理能力得到明显改善，但地方政府的机会主义行为也有所抬头。表现在土地财政上，高价限量出让商住用地经营城市推高房价，低价过量供应工业用地招商引资浪费资源，土地财政只顾眼前，不计长远；表现在国企管理上，规模求大，产业求全，以加杠杆换取微薄收益，僵尸企业日渐增多。

针对地方痼疾，党的十九大将着眼点放在现代财政制度与地方税体系的建立上，可谓对症下药。党的十九大之后擢升中央国家机关工委书记、国务院副秘书长的财政部部长肖捷发表《加快建立现代财政制度》一文，对党的十九大报告中关于财税部分的论述作出进一步阐释，文中提到：“按照‘立法先行、充分授权、分步推进’的原则，推进房地产税立法和实施。对工商业房地产和个人住房按照评估值征收房地产税，适当降低建设、交易环节税费负担，逐步建立完善的现代房地产税制度。”为中国房地产税的开征明确方向。

国际经验表明，对房地产持有环节开征的房地产税是地方税的主体，1998 年取消福利分房至今长达 20 年之久长期繁荣的中国房地产市场表明：在房地产税缺位的情况下，带有金融属性的房地产会自发地从消费品转变为投资品，脱离本来的居住属性，成为资本追逐的对象。尽管 1986 年国务院就颁布有《中华人民共和国房产税暂行条例》，多年来中国对于房产税的征收仅限于法人单位。1994 年分税制改革及 1998 年住房货币化改革最大的失误是：没有在改革的最佳时机同时配套房地产税征收，2003 年党的十六届三中全会再次提出“实施城镇建设税费改革，条件具备时对不动产开征统一规范的物业税”，时至今日，我们一再错过房地产税开征的窗口期，与此同时房价却在持续飙升。

作为“千年大计、国家大事”，雄安新区将按照中央部署，打造成为绿色生态宜居新城区、创新驱动引领区、协调发展示范区、开放发展先行区。作为新城区，雄安新区首先要宜居，然后才能宜业、宜商、宜创。坊间传言雄安新区的住房将全部采取租赁的方式，取消房地产交易市场，不搞土地财政。由于新区成立后有一段较长的产业引进、培育期，新区建设赖以启动的财政资金从何而来，将成为大问题。

综合考虑，雄安新区应采用市场为主、保障为辅租售并举的城市开发模式。雄安新区在启动之初应从长治久安的高度出发，做好顶层设计，把房地产税的开征纳入议事日程，解决地方财政“寅吃卯粮”的痼疾，为全国范围地方公共财政改革树立标杆。

具体而言，雄安新区应采取对房产和地产分别课税的房地产税征收模式，对无建筑物的土地征收较高的土地使用税，降低房地产商囤地坐等土地升值的行为动机。通过积分限定购房资格，对多套购房者征收较高的累进税率。房地产税的开征要解决好增量房与存量房之间的关系，实现新旧平稳过渡，市场与保障双轨并行。渐进开征房地产税是长效机制建设的重要选项，

在房地产税缺位的情况下，仅仅推进长租公寓建设，实行租售并举，只会让中国房地产进一步“香港化”，形成商品房价格畸高、金融空心化、产业离心化的结局。

在“黄金时期”，是房地产拉动了中国经济。在新时代，要靠中国经济的发展修复房地产在“黄金时期”形成的资产泡沫。通过开征房地产税，建立房地产业良性运转的长效机制，作为千年大计、国家大事的雄安新区有望为中国经济增长树立新的标杆。新时代意味着我们置身其中的历史时期不同于以往，我们一方面看好中国经济长期增长的美好前景，另一方面也必须正视人民日益增长的美好生活需要和不平衡不充分的发展之间的新矛盾。房地产税开征考验政府的执政技巧：房地产税长期缺位，会让房价自我实现，助长房地产市场投机；房地产税骤然开征，会对市场造成冲击，影响来之不易的经济形势。通过城市试点，发动群众智慧，通过渐进推行，凝聚社会共识，相信在新的战略机遇期，各级政府与全国人民将有新作为，抓住新机遇，迎来新辉煌。

参考文献

[1] Aheame A. G., Ammer J., Doyle B.M., Kole L. S. and Martin R.F. House Prices and Monetary Policy: A Cross Country Study. International Finance Discussion Papers, 2005: 841.

[2] Benson E.D., Hansen J.L., Schwartz A.L. Jr and Smersh G.T. The Influence of Canadian Investment on US Residential Property Values. The Journal of Real Estate Research, 1997, 13(3).

[3] Chen Kaiji, and Yi Wen, The Great Housing Boom of China 1. FRB Atlanta. CQER Working Paper, 2015.

[4] Clayton and Jim, Rational Expectations, Market Fundamentals and Housing Price Volatility. Journal of Real Estate Economics, 1996, 24(4): 441-470.

[5] Deokho Cho and Ma Seungry'ul. Dynamic Relationship between Housing Values and Interest Rates in the Korean Housing Market.Journal of Real Estate Finance and Economics, 2006 (32): 169-184.

[6] Fratantoni. Michael and Schuh, Scott. Monetary Policy, Housing, and Heterogeneous Regional Markets. Journal of Money Credit and Banking, 2003, 35(4): 557-589.

[7] Furman J., Stiglitz J.E., Bosworth B.P. and Radelet S. Economic Crises: Evidence and Insights from East Asia. Brookings Papers on Economic Activity, 1998 (2).

[8] Glaeser E. L and Gyourko J.The Impact of Zoning on Housing Afordability, NBER Working Paper, 2002, No. 8835.

[9] Guo F., Huang Y.S. Does "Hot Money" Drive China's Real Estate and Stock Markets? International Review of Economics and Finance, 2010 (19).

[10] Herring R.J. and Wachter S. Bubbles in Real Estate Markets Working Paper, No.402, Zell / Lurie Real Estate Center, University of Pennsylvania, 2002.

[11] Iacoviello M. House Prices, Borrowing Constraints, and Monetary Policy in the Business Cycle. American Economic Review, 2005, 95(3): 739-764.

[12] Doh—Khul K., Goodman K. A. and Kozar L. M. Monetary Policy and Housing Market: Cointegration Approach. Journal of Economics and Economic Education Research, 2006, 7(1): 43-52.

[13] Mankiw N.G. and Weil D.N. The Baby Boom, the Baby Bust, and the Housing Market.

Regional Science and Urban Economics, 1989, 19(2): 235-258.

[14] Ooi J. and Lee S.Price Discovery Between Residential Land and Housing Markets. Journal of Housing Research, 2006,15(2): 95-112.

[15] Phillips. R. S. Residential Capitalization Rates: Explaining Intermetropolitan Variation. Journal of Urban Economics, 1988: 1974-1979.

[16] Potepan M. Explaining Intermetropolitan Variation In Housing Price, Rents and Land Price Real Estate Economics, 1996 (24): 43-56.

[17] Radelet S., Sachs J.D., Cooper R.N. and Boswor B.P.The East Asian Financial Crisis: Diagnosis, Remedies, Prospects.Brookings Papers on Economic Activity, 1998 (1).

[18] Tse R.Y. C. Real Estate Economics: Theory and Policy with Reference to Hong Kong, Singapore and Taiwan, 1994, EIA Publishing.

[19] Tse, R.Y. C. Housing Price, Land Supply and Revenue from Land Sales, Urban Studies, 1998(8): 1377-1392.

[20] Wheaton W.C. and Nechyev G. The 1998-2005 Housing Bubble and the Current Correction: What's Diferent This Time? The Journal of Real Estate Research, Jan-Mar, 2008, 30: (1).1-26.

[21] Wong T.Y.J., Hui.C.M.E. and Seabrooke, W. The Impact of Interest Rates Upon Housing Prices: An Empirical Study of Hong Kang's Markets.Property Management, 2003, 21(2): 153-170.

[22] Zorn, T.S. and Sackley, W.H. Buyers and Sellers Markets: A Simple Rational Expectations Search Model of the Housing Market. The Journal of Real Estate Finance and Economics, 1991, 4(3): 315-325.

[23] 贝乐斯:《关于房地产，我的几点看法》，领峰资本微信公众号，2016 年 6 月 7 日。

[24] 陈斌开、徐帆、谭力:《人口结构转变与中国住房需求：1999 ~ 2025——基于人口普查数据的微观实证研究》,《金融研究》，2012 年第 1 期。

[25] 陈斌开、金萧、欧阳涤非:《住房价格、资源错配与中国工业企业生产率》,《世界经济》，2015 年第 4 期。

[26] 陈奉先:《中国的实际汇率制度：基于 BBC 框架的动态考察》,《国际金融研究》，2015 年第 11 期。

[27] 陈杰:《关于房产税的若干思考——兼论土地增值收益分配与公共财政》,《复旦大学住房政策研究中心》第 4 期;《住房政策专题研讨会报告》，2010 年 12 月。

[28] 陈钊、陆铭:《首位城市该多大？——国家规模、全球化和城市化的影响》,《学术月刊》，2014 年 5 月。

[29] 杜敏杰、刘霞辉:《人民币升值预期与房地产价格变动》,《世界经济》，2007 年第 1 期。

[30] 范剑勇、莫家伟、张吉鹏:《居住模式与中国城镇化——基于土地供给视角的经验研

究》,《中国社会科学》,2015 年第 4 期。

[31] 高波:《全球化背景下的中国房地产业:发展前景与本土对策》,《江海学刊》,2002 年第 5 期。

[32] 高波、王先柱:《中国房地产市场货币政策传导机制的有效性分析:2000~2007》,《财贸经济》,2009 年第 3 期。

[33] 高善文:《土地国有制之下,无房阶级注定是失败者》,《中国金融四十人论坛(CF40)》,2017 年 4 月 14 日。

[34] 何·皮特:《谁是中国土地的拥有者》,社会科学文献出版社 2008 年版。

[35] 胡洪曙:《财产税、地方公共支出与房产价值的关联分析》,《当代财经》,2007 年第 6 期。

[36] 胡伟俊:《中国房地产是不是泡沫?》华尔街见闻,https://wallstreetcn.com/articles/269774,2016 年 10 月 26 日。

[37] 黄树辉:《深圳土改剑指 300 平方公里违规用地》,《第一财经日报》,2012 年 6 月 8 日。

[38] 姜超、顾潇啸、于博、张凤逸:《真的不低了!——再论中国居民房贷杠杆》,《海通证券》,2016 年 9 月。

[39] 降蕴彰、施智梁:《国企改革深水突围》,《财经》,2016 年 9 月。

[40] 孔行、刘治国、于渤:《使用者成本、住房按揭贷款与房地产市场有效需求》,《金融研究》,2010 年第 1 期。

[41] 况伟大:《房价与地价关系研究:模型及中国数据检验》,《财贸经济》,2005 年第 11 期。

[42] 况伟大:《利率对房价的影响》,《世界经济》,2010 年第 4 期。

[43] 况伟大:《预期、投机与中国城市房价波动》,《经济研究》,2010 年第 9 期。

[44] 况伟大、朱勇、刘江涛:《房产税对房价的影响:来自 OECD 国家的证据》,《财贸经济》,2012 年第 5 期。

[45] 况伟大、李涛:《土地出让方式、地价与房价》,《金融研究》,2012 年第 8 期。

[46] 况伟大:《FDI 与房价》,《经济理论与经济管理》,2013 年第 2 期。

[47] 黎润红、饶毅、张大庆:《"523 任务"与青蒿素发现的历史探究》,http://www.1000plan.org/superblog/1470/964,2013 年 3 月 14 日。

[48] 李超、倪鹏飞、万海远:《中国住房需求持续高涨之谜:基于人口结构视角》,《经济研究》,2015 年第 5 期。

[49] 李童:《外汇局释疑货物进出口顺差与银行相关结售汇逆差的成因》,2016 年 4 月 21 日,新华网,http://news.xinhuanet.com/finance/2016-04/21/c_128917956.htm。

[50] 李燕星:《乐视巨量土地揭秘》,中国房地产网,2017 年 3 月 26 日,http://www.china-crb.cn/resource.jsp?id=34747。

[51] 李扬、张晓晶、常欣等:《中国国家资产负债表 2015》,中国社会科学出版社 2015

年版。

[52] 厉以宁:《通胀与股市》,《新华商》2009 年第 6 期，第 58 页。

[53] 梁红:《贸易顺差创纪录 外储却大幅下滑：消失的巨额顺差去哪了?》，2016 年 4 月 6 日,《华尔街见闻》，https://wallstreetcn.com/articles/234519。

[54] 梁云芳、高铁梅:《我国商品住宅销售价格波动成因的实证分析》,《管理世界》2006 年第 8 期。

[55] 刘德炳:《李嘉诚家族内地囤地致富：长江实业 29 项目 9 年只完工 1/3》,《中国经济周刊》，2014 年 9 月 1 日。

[56] 刘守英:《中国的二元土地权利制度与土地市场残缺——对现行政策、法律与地方创新的回顾与评论》,《经济研究参考》2008 年第 31 期。

[57] 刘守英:《要告别依赖土地的发展模式 否则风险会空前的大》，新浪财经，2017 年 3 月 21 日，http://finance.sina.com.cn/meeting/2017-03-21/doc-ifycnpit2475370.shtml。

[58] 刘煜辉:《钝刀与剃刀，首席经济学家论坛微信公众号》，2017 年 4 月 14 日。

[59] 陆铭:《大国大城——当代中国的统一、发展与平衡》，上海人民出版社，2016 年。

[60] 骆祖春、高波、赵奉军:《土地财政的标尺竞争机制与空间效应分析》,《学海》2011 年第 6 期。

[61] 马学强:《从传统到近代——江南城镇土地产权制度研究》，上海社会科学院出版社 2002 年版。

[62] 满燕云:《房产税的国际经验与中国问题》，http://view.news.qq.com/a/20110328/000043.htm。

[63] 聂辉华:《中国僵尸企业研究报告》,《国家发展及战略研究院》2016 第 9 期。

[64] 平新乔、陈敏彦:《融资、地价与楼盘价格趋势》,《世界经济》2004 年第 7 期，第 3-10 页。

[65] 祁斌:《大国的兴起和衰落》，新财富网，2015 年 9 月 14 日。

[66] 钱颖一、许成钢:《中国的经济改革为什么与众不同——M 型的层级制和非国有部门的进入与扩张》，格致出版社，张军、周黎安:《为增长而竞争》；上海人民出版社 2008 年版。

[67] 邱冠华、王剑、张宇:《2017 年银行业资产负债配置展望》,《国泰君安证券研究报告》，2016 年 12 月 29 日。

[68] 任月圆:《开扒上半年 100 家上市房企净利润，究竟谁最赚钱?》,《同策咨询》，2016 年 9 月 7 日。

[69] 任月圆:《上半年 100 家上市房企负债 8 万亿，看完负债 Top100 才知道啥叫大而不倒!》,《同策咨询》，2016 年 9 月 30 日。

[70] 森信茂树:《日本土地神话的形成和破灭》,《新金融》2006 年第 6 期。

[71] 沈悦、刘洪玉:《住宅价格与经济基本面：1995～2002 年中国 14 城市的实证研究》,

《经济研究》，2004 年第 6 期。
[72] 宋勃、高波:《国际资本流动对房地产价格的影响——基于我国的实证检验（1998 ~ 2006 年）》,《财经问题研究》，2007 年第 3 期。
[73] 苏雪晶、陈慎:《零和博弈下的城市战争——地产大数据之人口迁徙篇》,《中信建投证券研究报告》，2015 年 10 月 26 日。
[74] 苏雪晶:《140 亿平米，需 10 年消化：中国房地产库存已爆棚，但近日地产股却上天》,《新财富杂志》，2016 年 8 月 22 日。
[75] 谭政勋:《我国住宅业泡沫及其影响居民消费的理论与实证研究》,《经济学家》，2010 年第 3 期。
[76] 谭政勋、陈铭:《房价波动与金融危机的国际经验证据：抵押效应还是偏离效应》,《世界经济》，2012 年第 3 期。
[77] 谭政勋:《房价、CPI 与货币政策传导机制的中美比较研究》,《亚太经济》2013 年第 1 期。
[78] 唐明:《日本房地产税制改革及其启示》,《涉外税务》，2007 年第 7 期。
[79] 陶然、陆曦、苏福兵、汪晖:《地区竞争格局演变下的中国转轨：财政激励和发展模式反思——对改革 30 年高增长的政治经济学再考察和来自“土地财政”视角的证据》,《经济研究》，2009 年第 7 期。
[80] 王阿忠:《中国住宅市场的价格博弈与政府规制研究》，中国社会科学出版社 2007 年版。
[81] 王斌、高波:《土地财政、晋升激励与房价棘轮效应的实证分析》,《南京社会科学》，2011 年第 5 期。
[82] 王柔金:《李嘉诚京城卖楼 24 载 长实誉天下再批预售与港资周期长河》，观点地产网，http://www.guandian.cn/m/show/186318。
[83] 王晓明:《香港土地出让制度的启示与建议》,《中国经济时报》，2005 年第 8 期。
[84] 王希岩:《中国不动产税优化研究》，人民出版社 2015 年版。
[85] 王岳龙:《地价对房价影响程度区域差异的实证分析——来自国土资源部楼盘调查数据的证据》,《南方经济》2011 年第 3 期，第 29-42 页。
[86] 王智波:《物业税可行吗？—— 一个否定的判定》,《税务研究》，2008 年 4 月。
[87] 王智波:《房地产税制中的国际惯例与物业税的经济学分析》,《经济科学》2008 年第 5 期。
[88] 吴红毓然:《“渤钢系” 1900 亿债务处置方案出炉 600 亿“债转债”》,《金融混业观察》，2016 年 9 月 19 日。
[89] 吴红毓然:《中钢集团债转股方案获批 270 亿元债务或转为六年期可转债》,《金融混业观察》，2016 年 9 月 20 日。
[90] 武康平、皮舜、鲁桂华:《中国房地产市场与金融市场共生性的一般均衡分析》,《数

量经济技术经济研究》，2004 年第 10 期。

[91] 肖明：《盈利诱惑下的去产能：钢铁厂复产与拆炉竞跑》，《21 世纪经济报道》，2016 年 9 月 10 日。

[92] 徐建炜、徐奇渊、何帆：《房价上涨背后的人口结构因素：国际经验与中国证据》，《世界经济》，2012 年第 1 期。

[93] 严金海：《中国的房价与地价：理论、实证和政策分析》，《数量经济技术经济研究》，2006 年第 1 期。

[94] 易纲、北京大学中国经济研究中心宏观组：《中国物业税研究：理论、政策与可行性》，北京大学出版社 2007 年版。

[95] 尹中立：《用税收手段遏制房地产投机——日韩税收政策的经验与借鉴》，《新财经》，2006 年第 11 期。

[96] 尹中立：《从货币的角度分析本轮房价的暴涨现象》，《原富》，2017 年第 4 期。

[97] 余南平：《世界住房模式比较研究——以欧美亚为例》，上海人民出版社 2011 年版。

[98] 张清勇、郑环环：《中国住宅投资引领经济增长吗?》，《经济研究》，2012 年第 2 期。

[99] 张涛、龚六堂、卜永祥：《资产回报、住房按揭贷款与房地产均衡价格》，《金融研究》，2006 年第 2 期。

[100] 张晔、刘志彪：《产业趋同：地方官员行为的经济学分析》，《经济学家》，2005 年第 6 期。

[101] 赵津：《中国城市房地产业史论（1840 ~ 1949）》，南开大学出版社 1994 年版。

[102] 赵燕菁：《城市化与土地财政，小谷围科学讲坛微信公众号》，2016 年 12 月 19 日。

[103] 郑娟尔、吴次芳：《地价与房价的因果关系——全国和城市层面的计量研究》，《中国土地科学》，2006 年第 12 期。

[104] 郑思齐：《住房需求的微观经济分析——理论与实证》，中国建筑工业出版社 2007 年版。

[105] 郑思齐、师展：《“土地财政”下的土地和住宅市场：对地方政府行为的分析》，《广东社会科学》，2011 年第 2 期。

[106] 中国工商银行城市金融研究所：《楼市杠杆率有多高：已超 2015 年股市高点时近 2 倍》，《工研金融观察 · 2016 年 9 月 · 国内篇》，2016 年。

[107] 中华人民共和国住房和城乡建设部：《城市用地分类与规划建设用地标准》，中国建筑工业出版社 2011 年版。

[108] 周京奎：《房地产价格波动与投机行为——对中国 14 城市的实证研究》，《当代经济科学》，2005 年第 7 期。

[109] 周京奎：《房地产泡沫生成与演化——基于金融支持过度假说的一种解释》，《财贸经济》，2006 年第 5 期。

[110] 周黎安：《晋升博弈中政府官员的激励与合作——兼论我国地方保护主义和重复建设

问题长期存在的原因》,《经济研究》，2004 年第 6 期。
[111] 周黎安:《中国地方官员的晋升锦标赛模式研究》,《经济研究》，2007 年第 7 期。
[112] 周黎安、李宏彬、陈烨:《相对绩效考核：中国地方官员晋升机制的一项经验研究》,《经济学报》，2005 年第 1 期。
[113] 张军、周黎安:《为增长而竞争》，上海人民出版社 2008 年版。
[114] 周黎安:《中国城市扩张的空间特征及其解释》，2017 年 5 月 22 日，北大光华管理学院，http://www.gsm.pku.edu.cn/index/P13601172281414134225676.html?clipperUrl=2347/56019.ghtm。
[115] 周飞舟:《分税制十年：制度及其影响》,《中国社会科学》，2006 年第 6 期。
[116] 朱宁:《刚性泡沫——中国经济为何进退两难》，中信出版集团 2016 年版。
[117] 邹至庄、牛霖琳:《中国城镇居民住房的需求与供给》,《金融研究》，2010 年第 1 期。

后　记

本书是在我博士后出站报告的基础上修改而成。感谢我的博士后合作导师郝生跃教授，郝老师严谨的治学态度和科学的工作方法给了我极大的帮助和影响，衷心感谢两年来郝生跃老师对我的关心和指导。

2017 年 3 月 13 日人社部和博管会下发了《关于贯彻落实〈国务院办公厅关于改革完善博士后制度的意见〉有关问题的通知》（人社部发〔2017〕20 号），规定“未将人事档案转至设站单位的博士后人员，不予办理其进出站户口迁落手续及出站时配偶、未成年子女的户口随迁手续”，没有过渡期限。我于该年 6 月 22 日通过博士后出站答辩，却已经不能像之前的在职博士后那样办理进京落户了。国家政策不但直接影响房地产市场，还关乎个人的职业生涯与人生走向，政策制定者可不慎欤？

完成出站报告那一刻内心还是有些许激动，也曾数次在北京组织的内部讨论会上介绍自己的成果，但如同之前对中国房地产税的研究一样，内心的激动很快就归于平静。实然带来的利益如此使人沉迷，再合理的应然也会被利益攸关者选择性无视。要改变现实，需先改变观念，可见改变现实何其难也，但改变观念又谈何容易，尤其当观念的背后有利益的驱使与纠缠。

“知难行易”还是“知易行难”姑且不论，能够对观念厘清有所帮助，对知识扩展做出边际贡献，吾愿足矣！

王希岩谨识

2018 年 5 月 16 日于北京羁旅中